CONTEÚDO DIGITAL PARA ALUNOS

Cadastre-se e transforme seus estudos em uma experiência única de aprendizado:

1 Entre na página de cadastro:
www.editoradobrasil.com.br/sistemas/cadastro

2 Além dos seus dados pessoais e de sua escola, adicione ao cadastro o código do aluno, que garantirá a exclusividade do seu ingresso a plataforma.

5565037A6985042

CB040637

3 Depois, acesse: www.editoradobrasil.com.br/leb
e navegue pelos conteúdos digitais de sua coleção **:D**

Lembre-se de que esse código, pessoal e intransferível, é valido por um ano. Guarde-o com cuidado, pois é a única maneira de você utilizar os conteúdos da plataforma.

Editora
do Brasil

BRINCANDO COM OS NÚMEROS

2

Educação Infantil

Jaime Teles da Silva
Graduado em Pedagogia
Bacharel e licenciado em Educação Física
Especializado em Educação Física Escolar
Professor na rede municipal

Letícia García
Formada em Pedagogia
Professora de Educação Infantil

Vanessa Mendes Carrera
Mestre em Educação
Pós-graduada em Alfabetização e Letramento
Graduada em Pedagogia
Professora de Educação Infantil e do 1º ano
do Ensino Fundamental

Viviane Osso L. da Silva
Pós-graduada em Neurociência Aplicada à Educação
Pós-graduada em Educação Inclusiva
Graduada em Pedagogia
Professora de Educação Infantil e do 1º ano
do Ensino Fundamental

**Editora
do Brasil**

Dados Internacionais de Catalogação na Publicação (CIP)
(Câmara Brasileira do Livro, SP, Brasil)

Brincando com os números: educação infantil 2 / Jaime Teles da Silva ... [et al.]. – São Paulo: Editora do Brasil, 2019.

Outros autores: Letícia García, Vanessa Mendes Carrera, Viviane Osso L. da Silva.
ISBN 978-85-10-07786-6 (aluno)
ISBN 978-85-10-07787-3 (professor)

1. Educação infantil I. Silva, Jaime Teles da. II. García, Letícia. III. Carrera, Vanessa Mendes. IV. Silva, Viviane Osso L. da.

19-28633   CDD-372.21

Índices para catálogo sistemático:
1. Educação infantil 372.21
Maria Alice Ferreira - Bibliotecária - CRB-8/7964

Direção-geral: Vicente Tortamano Avanso

Direção editorial: Felipe Ramos Poletti
Gerência editorial: Erika Caldin
Supervisão de arte e editoração: Cida Alves
Supervisão de revisão: Dora Helena Feres
Supervisão de iconografia: Léo Burgos
Supervisão de digital: Ethel Shuña Queiroz
Supervisão de controle de processos editoriais: Roseli Said
Supervisão de direitos autorais: Marilisa Bertolone Mendes

Supervisão editorial: Carla Felix Lopes
Coordenação pedagógica: Vanessa Mendes Carrera
Edição: Monika Kratzer
Assistência editorial: Ana Okada e Beatriz Pineiro Villanueva
Auxílio editorial: Marcos Vasconcelos
Copidesque: Gisélia Costa e Ricardo Liberal
Revisão: Andréia Andrade, Alexandra Resende, Elis Beletti, Flávia Gonçalves, Fernanda Prado e Rita Sino
Pesquisa iconográfica: Tatiana Lubarino
Assistência de arte: Letícia Santos
Design gráfico: Gabriela César e Megalo Design
Capa: Megalo Design
Imagem de capa: Vanessa Alexandre
Ilustrações: Agueda Horn, Andréia Vieira, Brambilla, Cibele Queiroz, Cláudia Marianno, Desenhorama, Eduardo Belmiro, Estúdio dois de nós, Estúdio Ornintorrinco, Fernando Raposo, Flip Estúdio, João P. Mazzoco, Kau Bispo, Lilian Gonzaga, Marco Cortez, Saulo Nunes e Sônia Horn
Coordenação de editoração eletrônica: Abdonildo José de Lima Santos
Editoração eletrônica: Elbert Stein, Viviane Yonamine e Wlamir Miasiro
Licenciamentos de textos e produção fonográfica: Cinthya Utiyama, Jennifer Xavier, Paula Harue Tozaki e Renata Garbellini
Controle de processos editoriais: Bruna Alves, Carlos Nunes e Stephanie Paparella

1ª edição / 3ª impressão, 2022
Impresso na Ricargraf Gráfica e Editora.

Rua Conselheiro Nébias, 887
São Paulo/SP – CEP 01203-001
Fone: +55 11 3226-0211

www.editoradobrasil.com.br

APRESENTAÇÃO

QUERIDA CRIANÇA,

VAMOS BRINCAR DE APRENDER? AFINAL, QUEM BRINCA APRENDE!

NESTE LIVRO, VOCÊ VAI CONHECER HISTÓRIAS, APRENDER BRINCADEIRAS, RECITAR CANTIGAS E PARLENDAS, BRINCAR DE ADIVINHAR, PINTAR, DESENHAR, REFLETIR SOBRE SITUAÇÕES DO DIA A DIA E COMPARTILHAR EXPERIÊNCIAS COM OS COLEGAS.

VOCÊ TAMBÉM VAI CRIAR E RECRIAR ARTE DO SEU JEITINHO, EXPLORANDO DIVERSOS MATERIAIS E DESCOBRINDO FORMAS CRIATIVAS DE UTILIZÁ-LOS.

FICOU ANIMADA?

ENTÃO, EMBARQUE NESTA DIVERTIDA APRENDIZAGEM E BOA BRINCADEIRA!

OS AUTORES

SUMÁRIO

CORES

QUE CORES VOCÊ CONHECE?

USE GIZ DE CERA COLORIDO E FAÇA UM DESENHO LIVRE.

VOCÊ CONHECE AS CORES PRIMÁRIAS?

CONTINUE A PINTAR A SEQUÊNCIA DE CORES PRIMÁRIAS.

AGORA, CRIE SUA SEQUÊNCIA DE **3** CORES.

CIRCULE AS FIGURAS QUE APRESENTAM UMA SEQUÊNCIA DE CORES.

OBSERVE A SEQUÊNCIA DE CORES DO ARCO-ÍRIS.

PINTE OS ESPAÇOS QUE FALTAM COM AS CORES PRIMÁRIAS.

O ARCO-ÍRIS

QUANDO A CHUVA PARA
E O SOL APARECE,
VEJA SÓ O QUE
ACONTECE:
DEUS PEGA UM PINCEL
E PINTA SETE CORES
NO CÉU!

**ALEXANDRE AZEVEDO.
POEMINHAS FENOMENAIS.
SÃO PAULO: ATUAL, 2000. P. 4.**

MISTURANDO ALGUMAS CORES, PODEMOS CRIAR OUTRAS!

USANDO TINTA GUACHE, MISTURE AS CORES INDICADAS E PINTE
O ARCO-ÍRIS.

ERA UM DIA DE VENTO FINO
COM CHEIRO DE CHUVA A CAMINHO.
SOBRE PAPEL BRANQUINHO,
FUI MISTURANDO AS CORES.
FIZ COR DE NUVEM PESADA,
COR DE ÁGUA DE RIO,
AZUL DE MONTANHA DISTANTE,
COR DE UM LINDO PASSARINHO.
DOZE CORES MISTURADAS
VIRAM MUITAS OUTRAS CORES.

REGINA RENNÓ. LÁPIS DE COR.
SÃO PAULO: EDITORA DO BRASIL, 2009. P. 9.

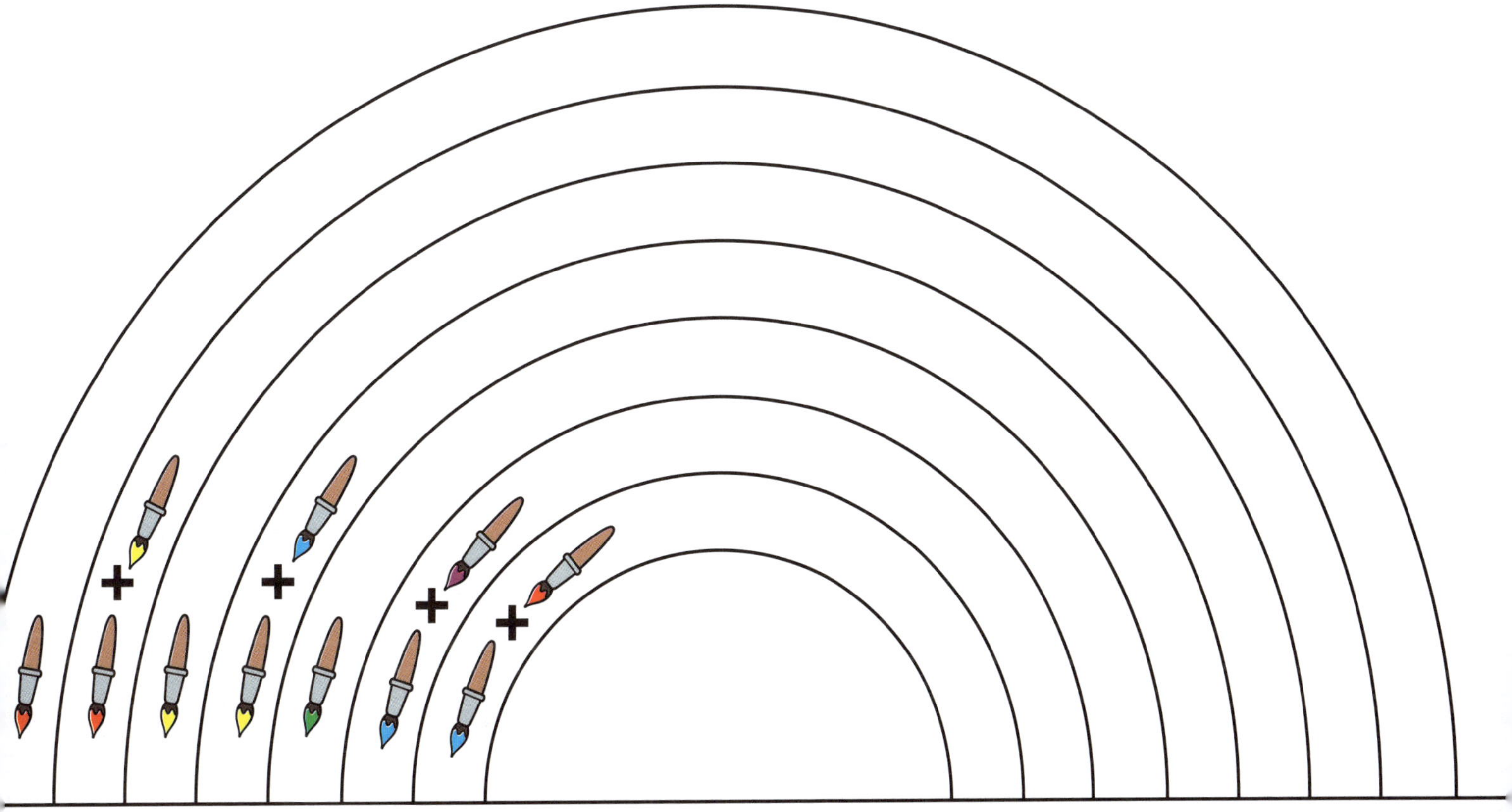

GRANDEZAS

ALÉM DO ARCO-ÍRIS, PODEMOS VER MUITAS NUVENS NO CÉU. PINTE DE:

- **AZUL** A NUVEM **GRANDE**.
- **AMARELO** A NUVEM **MÉDIA**.
- **CINZA** AS NUVENS **PEQUENAS**.

QUANDO OLHO PARA CIMA,
E O CÉU CLARINHO ESTÁ,
VEJO NUVENS BEM BRANQUINHAS
QUE VONTADE DE TOCAR!

QUADRINHA.

COM CANETINHA HIDROCOR, LIGUE AS NUVENS DE **MESMO TAMANHO**.

O QUE É, O QUE É?

ERA BRANCA DE CANDURA,
MAS DEPOIS MUDEI DE COR,
TORNEI-ME CINZENTO-ESCURA,
DESFIZ-ME EM PRANTO DE DOR.

ADIVINHA.

OS AVIÕES DEIXAM RASTROS NO CÉU.

FAÇA UM **X** NO RASTRO **GROSSO** E CIRCULE O RASTRO **FINO**.

OBSERVE AS HÉLICES DO AVIÃO. PINTE A GROSSA E CIRCULE A FINA.

LÁ DO ALTO, O PILOTO DO AVIÃO AVISTOU DOIS RIOS.

DESENHE PEIXINHOS NO RIO **LARGO** E PINTE DE **AZUL** O RIO **ESTREITO**.

TRINA UM CANÁRIO DA TERRA,
NO MEIO DO CANAVIAL.
O RIO QUE PASSA CANTANDO
OUVE O LINDO MUSICAL.

SINVAL MEDINA E RENATA BUENO.
O CANÁRIO. IN: **TUBARÃO TOCA TUBA?**
SÃO PAULO: EDITORA DO BRASIL, 2012. P. 18.

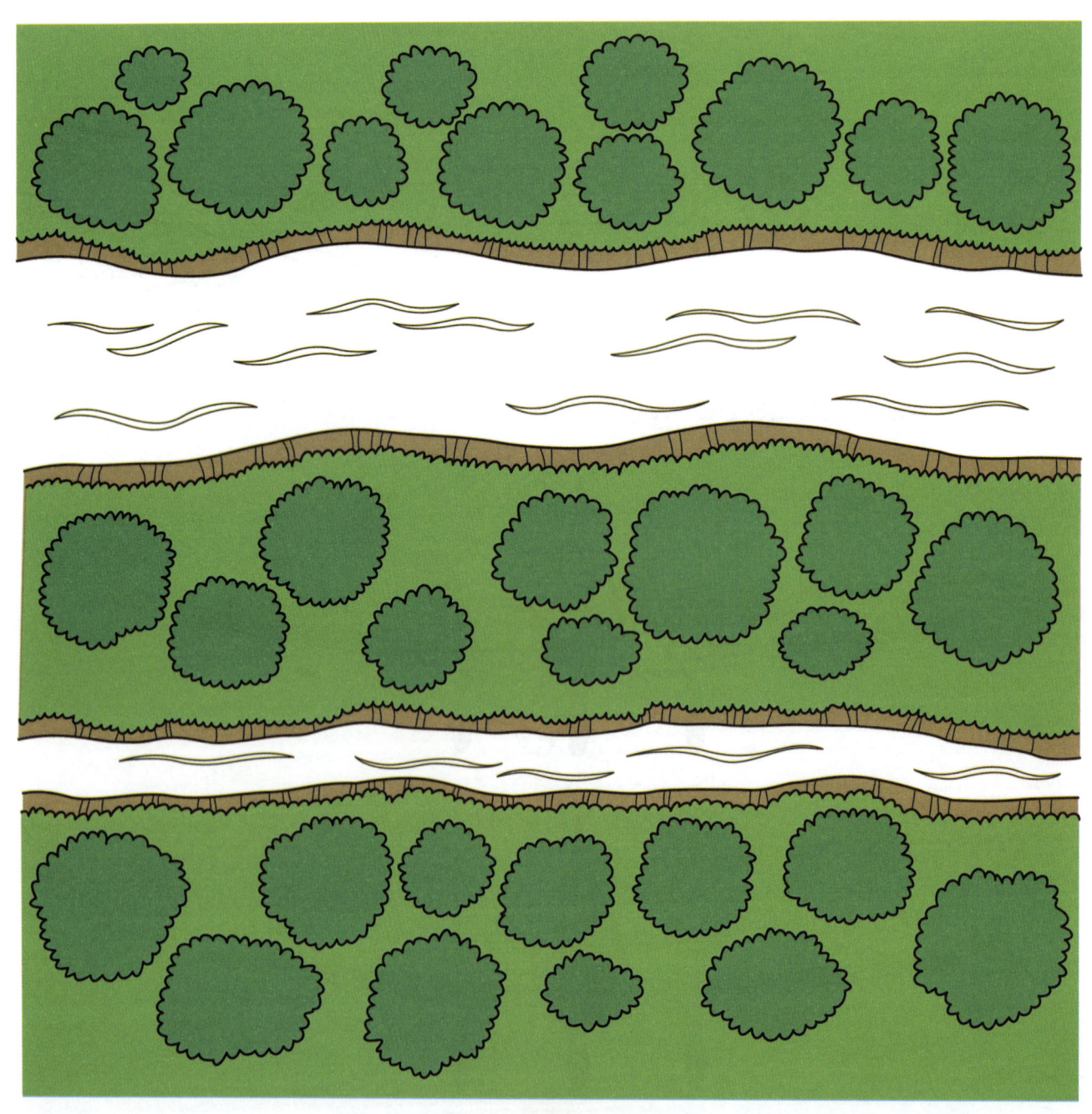

OS PÁSSAROS ESTÃO VOANDO PERTO DO RIO.

ENCONTRE A ARARA E CIRCULE-A. DEPOIS, PINTE DE **VERMELHO** OS PÁSSAROS **MAIORES QUE** A ARARA E DE **VERDE** OS **MENORES QUE** ELA.

CIRCULE O PÁSSARO QUE TEM A CAUDA **MAIS CURTA** E FAÇA UM TRAÇO NO QUE TEM A CAUDA **MAIS COMPRIDA**.

PARDAL.

ALMA-DE-GATO.

OS CANÁRIOS VOARAM E FORAM POUSAR EM UMA ÁRVORE PARA DESCANSAR.

PINTE DE **AMARELO** OS CANÁRIOS QUE POUSARAM NO GALHO **MAIS ALTO**.

FAÇA UM **X** NOS CANÁRIOS QUE POUSARAM NO GALHO **MAIS BAIXO**.

OBSERVE A HISTÓRIA EM QUADRINHOS. DEPOIS, CONVERSE COM OS COLEGAS SOBRE O QUE VOCÊ ENTENDEU.

OPOSTOS

O PASSARINHO ENCONTROU SEU NINHO. PINTE DE:

- **VERDE** OS FILHOTES COM O BICO **ABERTO**.
- **LARANJA** OS FILHOTES COM O BICO **FECHADO**.

DOLI, DOLÁ

[...] DOLI, DOLI
DOLI, DOLI, DOLÁ
QUEM FICAR DE PERNA ABERTA
VAI TER QUE REBOLAR.
DOLI, DOLÁ.

CANTIGA.

MAMÃE PASSARINHO TROUXE ALGUNS ALIMENTOS PARA SEUS FILHOTES.

CIRCULE OS ALIMENTOS **MOLES** E FAÇA UM **X** NOS ALIMENTOS **DUROS**.

DESTAQUE AS FIGURAS DA PÁGINA 145 E COLE OS NINHOS NOS LUGARES CORRETOS.

OBSERVE COM ATENÇÃO SE OS FILHOTES ESTÃO EM UM AMBIENTE **QUENTE** OU **FRIO**.

POSIÇÃO

VEJA OS AVIÕES VOANDO!

PINTE DE **VERMELHO** O AVIÃO QUE ESTÁ VOANDO **ACIMA** DAS NUVENS E DE **ROXO** O QUE ESTÁ VOANDO **ABAIXO** DELAS.

HORA DE ATERRISSAR!

DESTAQUE AS FIGURAS DA PÁGINA 145 E COLE O AVIÃO **AZUL** **PERTO** DA PISTA E O AVIÃO **VERMELHO** **LONGE** DA PISTA.

PINTE AS PESSOAS QUE ESTÃO **DE FRENTE** PARA O AVIÃO.

FAÇA UM **X** NAS PESSOAS QUE ESTÃO **DE COSTAS** PARA ELE.

O AVIÃO ATERRISSOU!

CIRCULE AS MALAS QUE ESTÃO **FORA** DO BAGAGEIRO E FAÇA UM TRAÇO NAS QUE ESTÃO **DENTRO** DELE. DEPOIS, ESCREVA O NÚMERO NOS QUADRINHOS CORRETOS.

AS PESSOAS ESTÃO DESEMBARCANDO DO AVIÃO.

PINTE DE **ROSA** A ROUPA DA **PRIMEIRA** PESSOA DA FILA E DE **VERDE** A ROUPA DA **ÚLTIMA** PESSOA.

CIRCULE A PESSOA QUE ESTÁ **NA FRENTE** DO HOMEM DE ÓCULOS E FAÇA UM **X** NA PESSOA QUE ESTÁ **ATRÁS** DA CRIANÇA.

COM CANETINHA HIDROCOR, DESENHE UMA MALA DE VIAGEM **ENTRE** AS PESSOAS.

ESTE É O SAGUÃO DO AEROPORTO.

COMPLETE A CENA DESENHANDO O QUE SE PEDE:

- UMA PESSOA **ATRÁS** DO BANCO;
- UM VASO DE FLOR **EM FRENTE** AO BANCO;
- UMA MALA **EM CIMA** DO BANCO;
- UM TAPETE **EMBAIXO** DO BANCO.

AGORA, PINTE TUDO BEM BONITO.

DIREÇÃO E SENTIDO

PARA ONDE AS CRIANÇAS ESTÃO ANDANDO?

DESTAQUE AS FIGURAS DA PÁGINA 147 E FAÇA O QUE SE PEDE:

- COLE A FIGURA DO PERSONAGEM QUE ESTÁ NO **MESMO SENTIDO** DAS OUTRAS CRIANÇAS.

- COLE A FIGURA DO PERSONAGEM QUE ESTÁ NO **SENTIDO CONTRÁRIO** AO DAS OUTRAS CRIANÇAS.

PARA ONDE OS PERSONAGENS DEVEM IR?

NAS DUAS SITUAÇÕES, PINTE A SETA QUE INDICA A DIREÇÃO QUE CADA CRIANÇA DEVE SEGUIR.

BOCHECHA

OLHEI PRA CÁ, OLHEI PRA LÁ
QUANDO VI O ZÉ BOCHECHA,
COMECEI A BOCHECHAR.
BOCHECHA... BOCHECHA...
BATO PALMAS PRA PARAR. [...]

CANTIGA.

NA ESCOLA DE RENATA, A ESCADA DA **DIREITA** É USADA PARA **SUBIR** E A DA **ESQUERDA**, PARA **DESCER**.

PINTE A ESCADA QUE RENATA DEVE USAR PARA SUBIR.

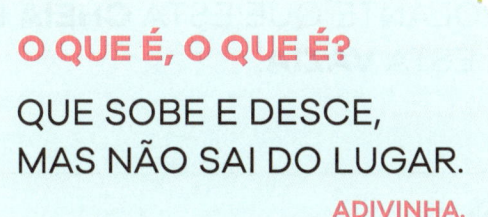

O QUE É, O QUE É?

QUE SOBE E DESCE, MAS NÃO SAI DO LUGAR.

ADIVINHA.

CAPACIDADE E MASSA

EM *SHOPPING CENTERS* E SUPERMERCADOS GERALMENTE EXISTEM ESCADAS ROLANTES E ELEVADORES.

CIRCULE A ESCADA ROLANTE QUE ESTÁ **CHEIA** E FAÇA UM **X** NA ESCADA ROLANTE QUE ESTÁ **VAZIA**.

COMO A ESCADA ROLANTE ESTAVA MUITO **CHEIA**, O RAPAZ RESOLVEU SUBIR DE ELEVADOR.

PINTE O ELEVADOR QUE ESTÁ **VAZIO**.

MARCOS E UM AMIGO FIZERAM COMPRAS.

PINTE DE **VERMELHO** AS SACOLAS DE COMPRAS QUE PARECEM **MAIS LEVES** E DE **AZUL** AS QUE PARECEM **MAIS PESADAS**.

DENTRO DAS SACOLAS HAVIA MUITAS MERCADORIAS.

EM CADA QUADRO, CIRCULE A MERCADORIA QUE PARECE SER **MAIS LEVE** E FAÇA UM **X** NA QUE PARECE SER **MAIS PESADA**.

MARCOS TAMBÉM COMPROU FRUTAS.

OBSERVE AS BALANÇAS E FAÇA O QUE SE PEDE:

- CIRCULE A BALANÇA QUE ESTÁ **MAIS PESADA**.
- FAÇA UM RISCO NA BALANÇA QUE ESTÁ **MAIS LEVE**.

CIRCULE O CARRINHO QUE ESTÁ **MAIS CHEIO** E FAÇA UM **X** NO QUE ESTÁ **MAIS VAZIO**.

PASSAGEM CRONOLÓGICA DO TEMPO

BRINCANDO COM SITUAÇÕES MATEMÁTICAS

CIBELE VAI VIAJAR. PARA ISSO, ELA E A MÃE FORAM COMPRAR UMA MALA.

OBSERVE AS SITUAÇÕES E COMPREENDA A HISTÓRIA. DEPOIS, NUMERE AS CENAS SEGUINDO A ORDEM DOS ACONTECIMENTOS.

BRINCANDO COM ARTE

QUE TAL USAR UMA CAIXA DE SAPATO PARA MONTAR UMA MALETA DE BRINQUEDO?

SIGA AS ORIENTAÇÕES DADAS PELO PROFESSOR.

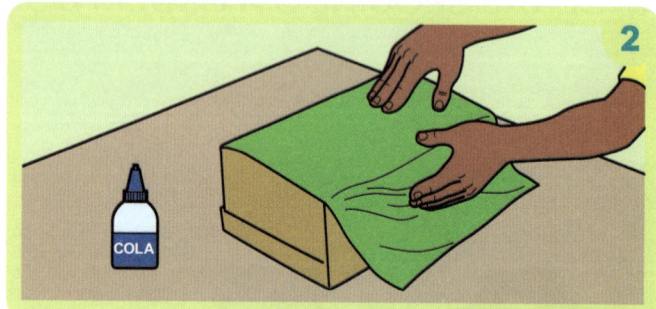

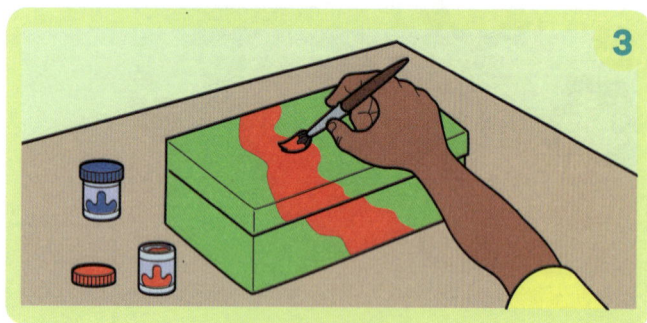

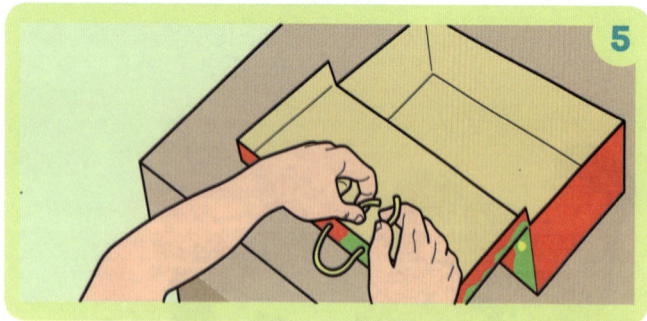

CIBELE ACORDOU ANIMADA PARA VIAJAR.

DESTAQUE AS FIGURAS DA PÁGINA 153 E COLE-AS NA ORDEM CORRETA DOS ACONTECIMENTOS.

CLASSIFICAÇÃO

CIBELE VIAJOU PARA O SÍTIO DOS AVÓS E ENCONTROU ALGUNS PRIMOS LÁ. JUNTOS, ELES ADORAM BRINCAR DE ESCONDE-ESCONDE ENTRE AS ÁRVORES.

PINTE DA MESMA COR AS ÁRVORES **IGUAIS**.

O QUE É, O QUE É?

QUE BEBE PELOS PÉS?

ADIVINHA.

DEPOIS DE BRINCAR, CIBELE E OS PRIMOS FORAM AJUDAR O AVÔ A ALIMENTAR OS ANIMAIS DO SÍTIO.

EM CADA SITUAÇÃO, MARQUE UM **X** NA AVE **DIFERENTE**.

MEU GALINHO

HÁ TRÊS NOITES QUE EU NÃO DURMO, OLA-LÁ!
POIS PERDI O MEU GALINHO, OLA-LÁ!
COITADINHO, OLA-LÁ! POBREZINHO, OLA-LÁ!
EU PERDI LÁ NO SERTÃO.

CANTIGA.

OBSERVE OS CARNEIRINHOS DO SÍTIO.

TRAÇANDO UMA LINHA, FAÇA UM CONJUNTO COM OS CARNEIRINHOS **MENORES** E OUTRO CONJUNTO COM OS CARNEIRINHOS **MAIORES**.

NO SÍTIO TAMBÉM HÁ PORQUINHOS.

MARQUE UM **X** NOS PORQUINHOS DE **MESMO TAMANHO**.

AGORA, CIBELE E OS PRIMOS ESTÃO BRINCANDO DE **O MESTRE MANDOU**.

CIRCULE O QUE MAIS FAZ PARTE DO QUE FOI PEDIDO NA BRINCADEIRA.

DESENHE ALGO QUE NÃO PODERIA SER TOCADO SEGUNDO O COMANDO ESTABELECIDO POR CIBELE.

AS CRIANÇAS FICARAM COM FOME E DECIDIRAM COLHER ALGUNS FRUTOS DE ÁRVORES DO SÍTIO.

OBSERVE OS CESTOS DE FRUTAS E CIRCULE AQUELA QUE **NÃO PERTENCE** AO CESTO.

FIGURAS GEOMÉTRICAS

MUITOS OBJETOS A NOSSA VOLTA SE PARECEM COM SÓLIDOS GEOMÉTRICOS.

OBSERVE ESTE **PARALELEPÍPEDO** E FAÇA O QUE SE PEDE.

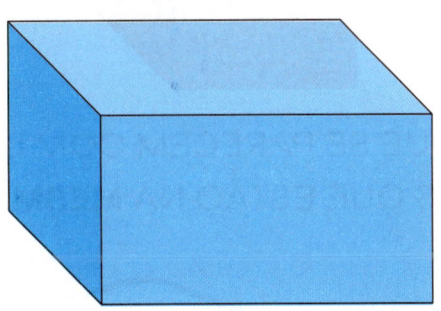

- PINTE OS OBJETOS ABAIXO QUE SE PARECEM COM UM **PARALELEPÍPEDO**.
- CIRCULE O OBJETO QUE ESTÁ NA **MESMA POSIÇÃO** DO **PARALELEPÍPEDO** ACIMA.

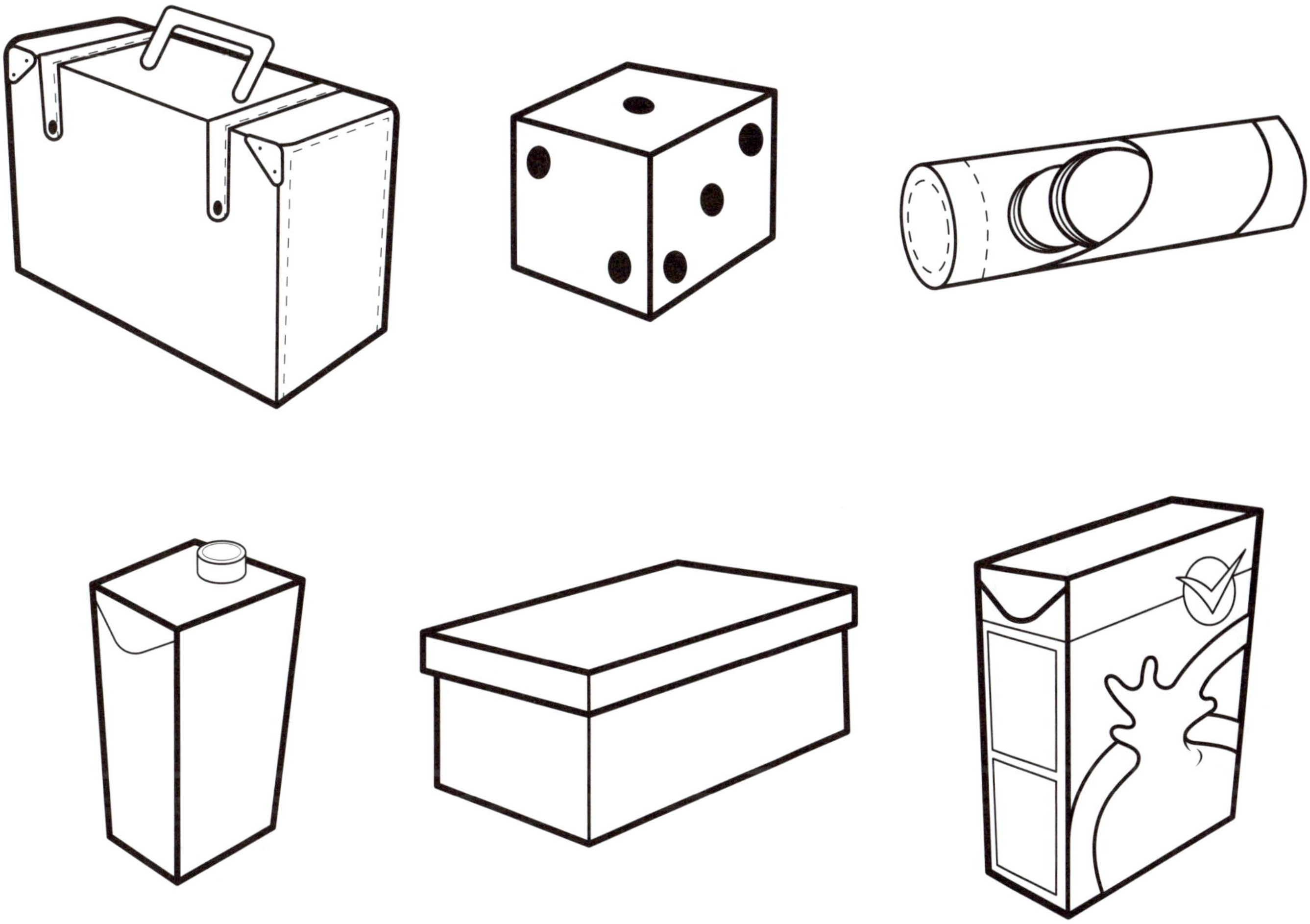

OBSERVE ESTE **CUBO** E FAÇA O QUE SE PEDE.

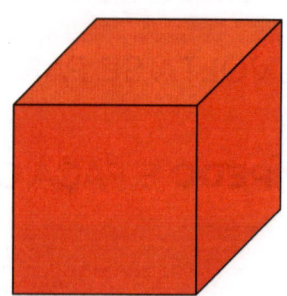

- PINTE OS OBJETOS QUE SE PARECEM COM UM **CUBO**.
- CIRCULE OS OBJETOS QUE ESTÃO NA **MESMA POSIÇÃO** DO **CUBO** ACIMA.

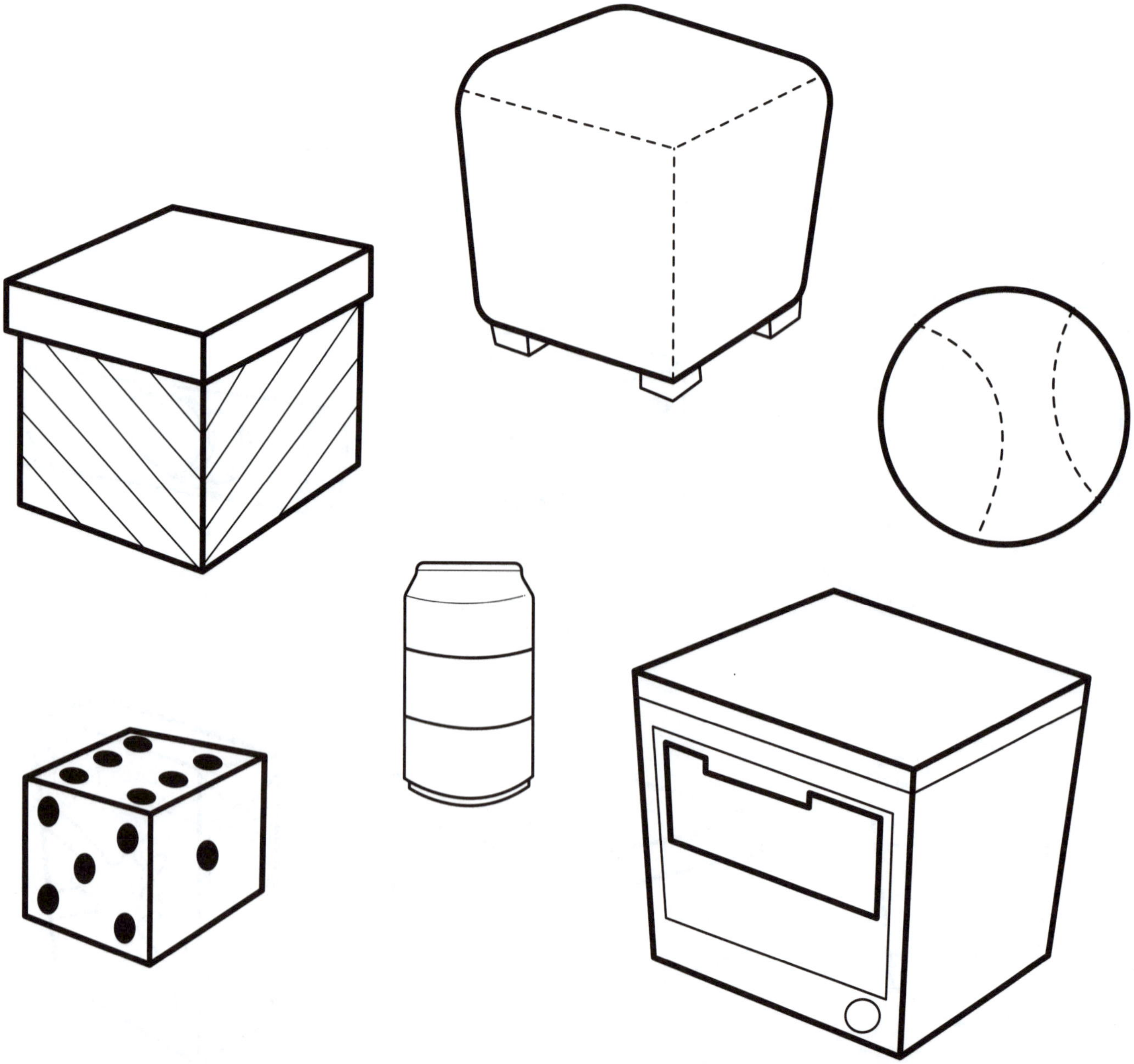

OBSERVE ESTE **CILINDRO** E FAÇA O QUE SE PEDE.

- PINTE OS OBJETOS QUE SE PARECEM COM O **CILINDRO**.
- CIRCULE OS OBJETOS QUE ESTÃO NA **MESMA POSIÇÃO** DO **CILINDRO** ACIMA.

OBSERVE ESTE **CONE** E FAÇA O QUE SE PEDE.

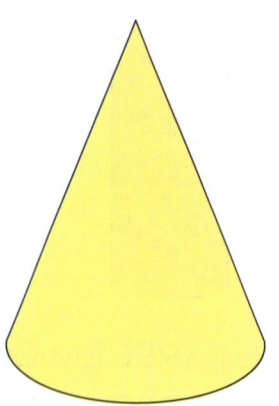

PINTE OS OBJETOS QUE SE PARECEM COM O **CONE**.

CIRCULE O OBJETO QUE ESTÁ NA **MESMA POSIÇÃO** DO **CONE** ACIMA.

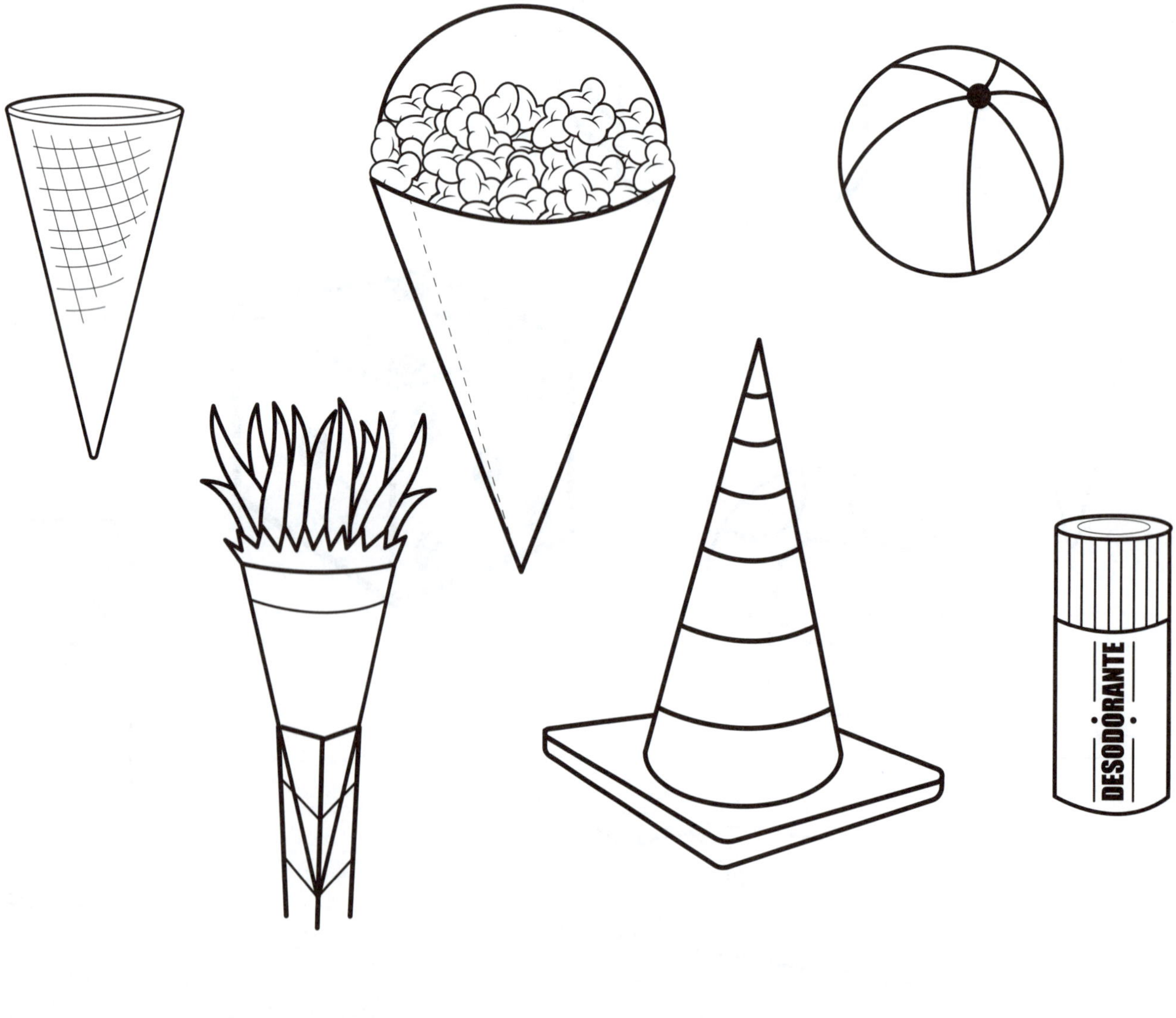

DESODORANTE

OBSERVE ESTA **ESFERA** E ESTA **PIRÂMIDE** E FAÇA O QUE SE PEDE.

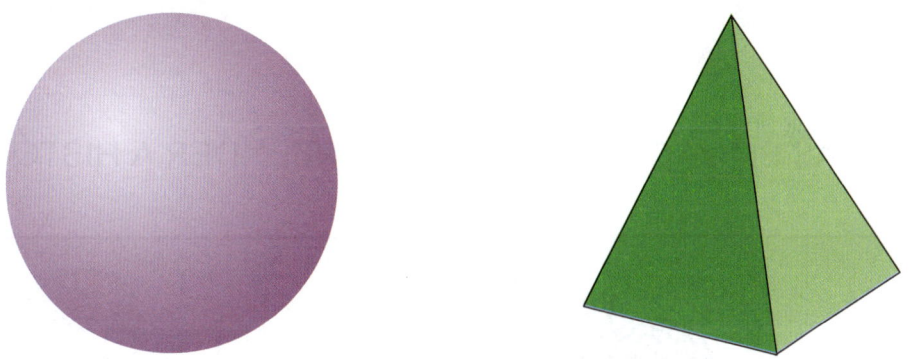

- PINTE DE **ROXO** OS OBJETOS QUE SE PARECEM COM A **ESFERA**.
- PINTE DE **VERDE** OS OBJETOS QUE SE PARECEM COM A **PIRÂMIDE**.

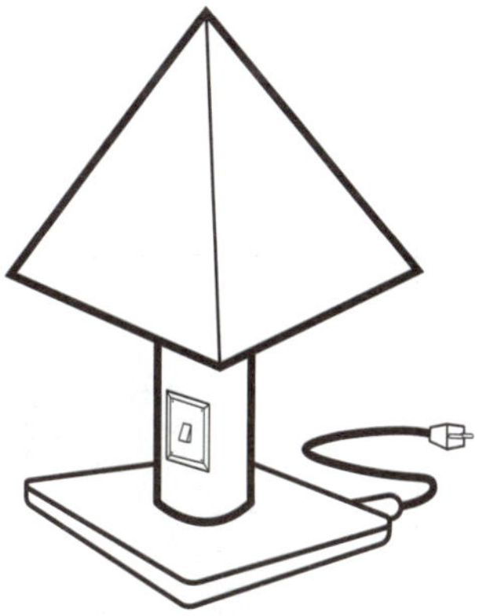

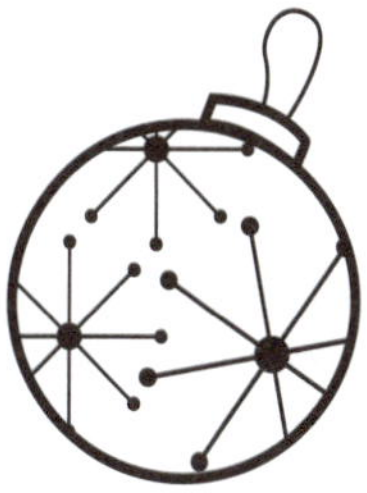

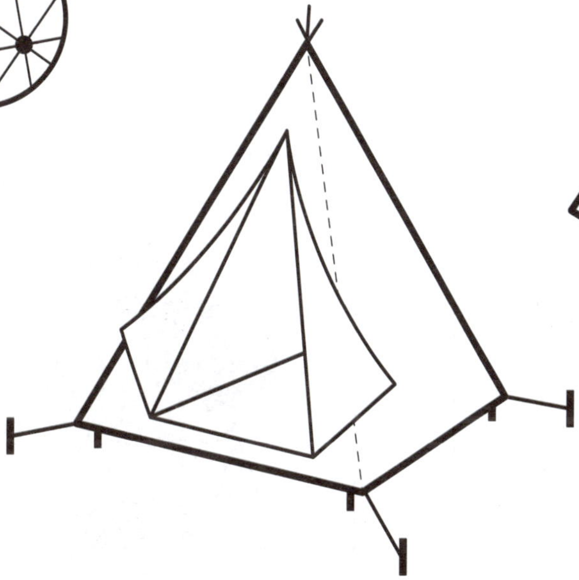

OBSERVE ESTAS SITUAÇÕES PARA COMPREENDER A HISTÓRIA.

QUE TAL FAZER O CONTORNO DE UM SÓLIDO GEOMÉTRICO?

ESCOLHA UMA EMBALAGEM DE PRODUTO QUE TENHA A FORMA DE UM DOS SÓLIDOS GEOMÉTRICOS ESTUDADOS. PASSE TINTA GUACHE COM UM PINCEL EM UM DOS LADOS DA EMBALAGEM E CARIMBE-O NA PÁGINA. DEPOIS, MOSTRE SEU TRABALHO AOS COLEGAS.

O CARIMBO QUE VOCÊ FEZ TEM A FORMA DE QUAL FIGURA GEOMÉTRICA PLANA?

PEDRO AMA GIBIS!

PINTE A FIGURA GEOMÉTRICA PLANA QUE TEM A FORMA PARECIDA COM A CAPA DO GIBI DE PEDRO.

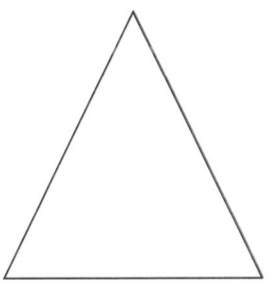

CRIE UM DESENHO COM ESTE **QUADRADO**.

OBSERVE A TIRINHA.

AGORA, PINTE A FIGURA GEOMÉTRICA QUE TEM A FORMA PARECIDA COM O EQUIPAMENTO DE GINÁSTICA DO CEBOLINHA.

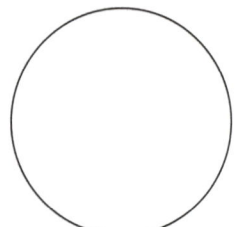   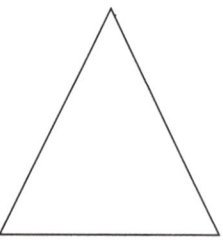

CRIE UM DESENHO COM ESTE TRIÂNGULO.

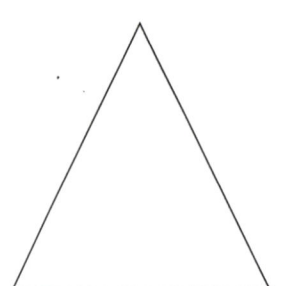

TRATAMENTO DA INFORMAÇÃO

SÉRGIO ESTÁ BRINCANDO COM OS COLEGAS NO PARQUE.

PINTE UM QUADRINHO PARA CADA CRIANÇA DE ACORDO COM A COR DA CAMISETA DELAS.

CIRANDINHA

CIRANDA, CIRANDINHA,
VAMOS TODOS CIRANDAR!
VAMOS DAR A MEIA-VOLTA,
VOLTA E MEIA VAMOS DAR.

CANTIGA.

OBSERVE A BRINCADEIRA RETRATADA NA TELA A SEGUIR, DE CANDIDO PORTINARI.

CANDIDO PORTINARI. **MENINOS SOLTANDO PIPAS**, 1947. ÓLEO SOBRE TELA, 60 CM × 74 CM.

PINTE UM QUADRINHO PARA CADA QUANTIDADE QUE VOCÊ VÊ NA TELA ACIMA.

VOCÊ JÁ BRINCOU DE PIPA?

PINTE AS PIPAS DO QUADRO. PARA CADA COR DE PIPA, COMBINE UMA COR DE RABIOLA DIFERENTE. VEJA OS MODELOS.

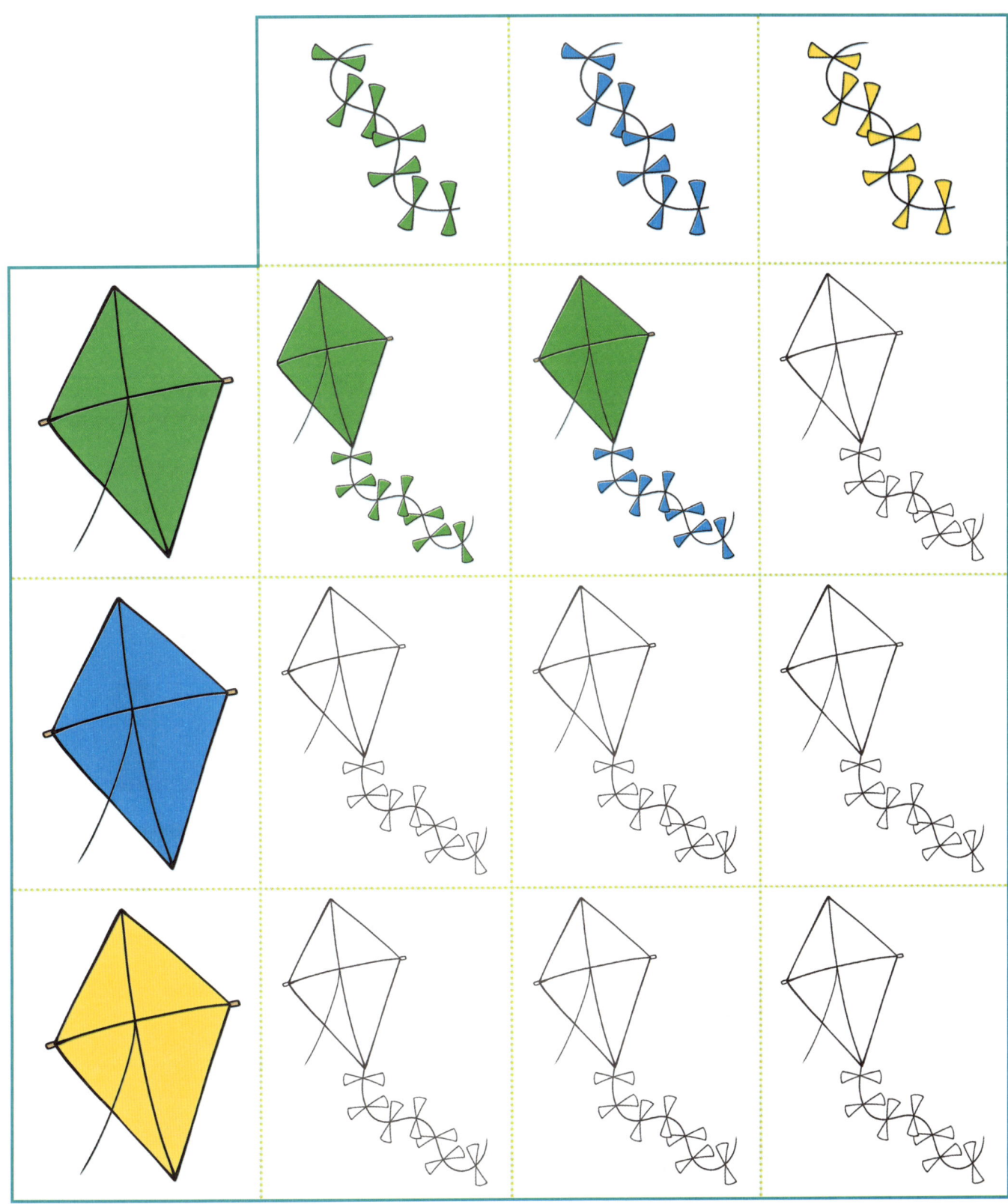

VAMOS FAZER UMA PIPA?

SIGA O PASSO A PASSO E AS ORIENTAÇÕES DO PROFESSOR.

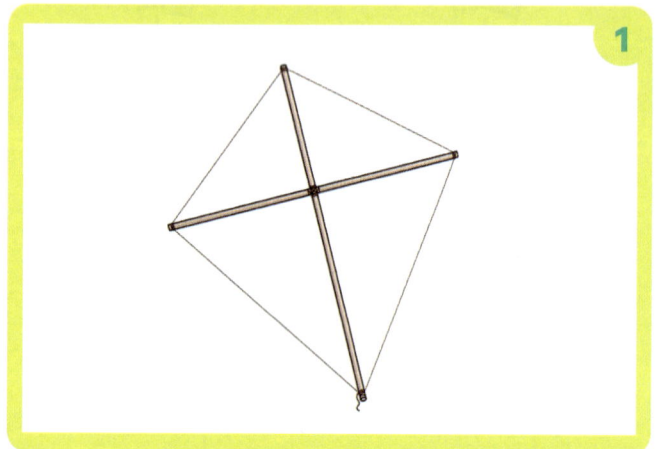

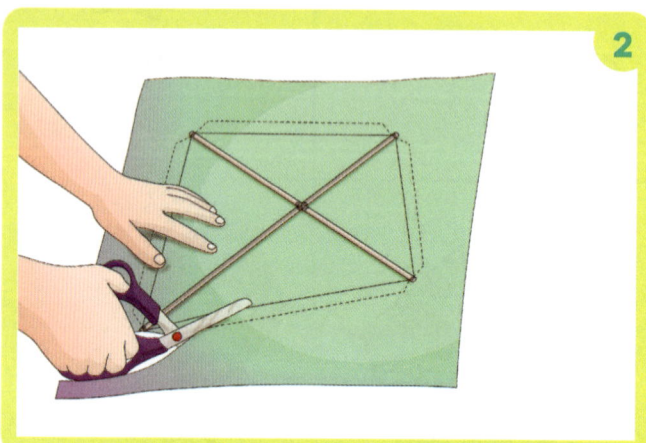

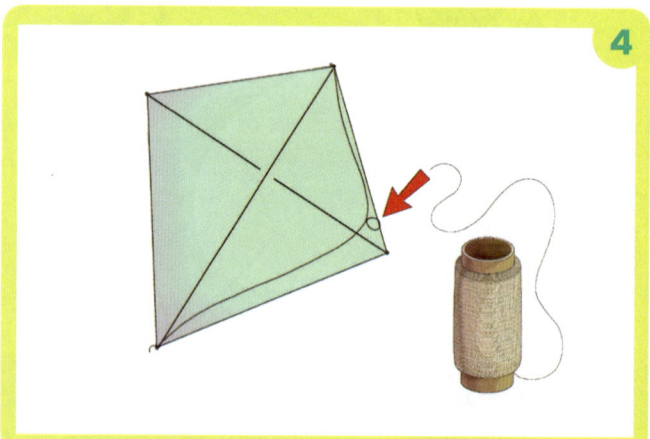

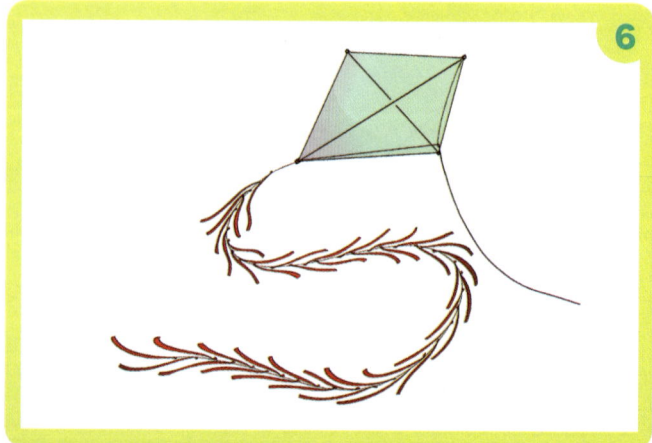

DO QUE VOCÊ E SEUS COLEGAS MAIS GOSTAM DE BRINCAR?

COM OS COLEGAS DA TURMA, ESCOLHA **4** BRINCADEIRAS E COPIE O NOME DELAS NOS QUADROS COLORIDOS.

DEPOIS, POR MEIO DE UMA VOTAÇÃO, DESCUBRA QUANTAS CRIANÇAS PREFEREM CADA BRINCADEIRA E PINTE UM QUADRINHO PARA CADA CRIANÇA.

SEQUÊNCIA E SERIAÇÃO

BRUNO CONVIDOU OS AMIGOS PARA BRINCAR. PRIMEIRO, ELES QUISERAM BRINCAR COM IOIÔS.

DESTAQUE AS FIGURAS DA PÁGINA 155 E FAÇA O QUE SE PEDE.

[...]
PRA GENTE BRINCAR NAS PRAÇAS
PRA GENTE BRINCAR NOS LARES
PRA GENTE BRINCAR NA PRAIA
ATÉ BRINCAR NOS POMARES
TEMOS MUITAS FORMAS DE
BRINCADEIRAS POPULARES.

ABDIAS CAMPOS. BRINCADEIRAS POPULARES:
CORDEL INFANTIL. 3. ED. RECIFE: FOLHETARIA
CAMPOS DE VERSOS, 2012. P. 8.

- COLE OS IOIÔS **VERMELHOS** EM ORDEM DO **MAIOR** PARA O **MENOR**.

- COLE OS IOIÔS **AZUIS** EM ORDEM DO **MENOR** PARA O **MAIOR**.

DEPOIS, BRUNO E OS AMIGOS DECIDIRAM BRINCAR COM OUTROS BRINQUEDOS.

PINTE OS BRINQUEDOS SEGUINDO A **SEQUÊNCIA DE CORES**.

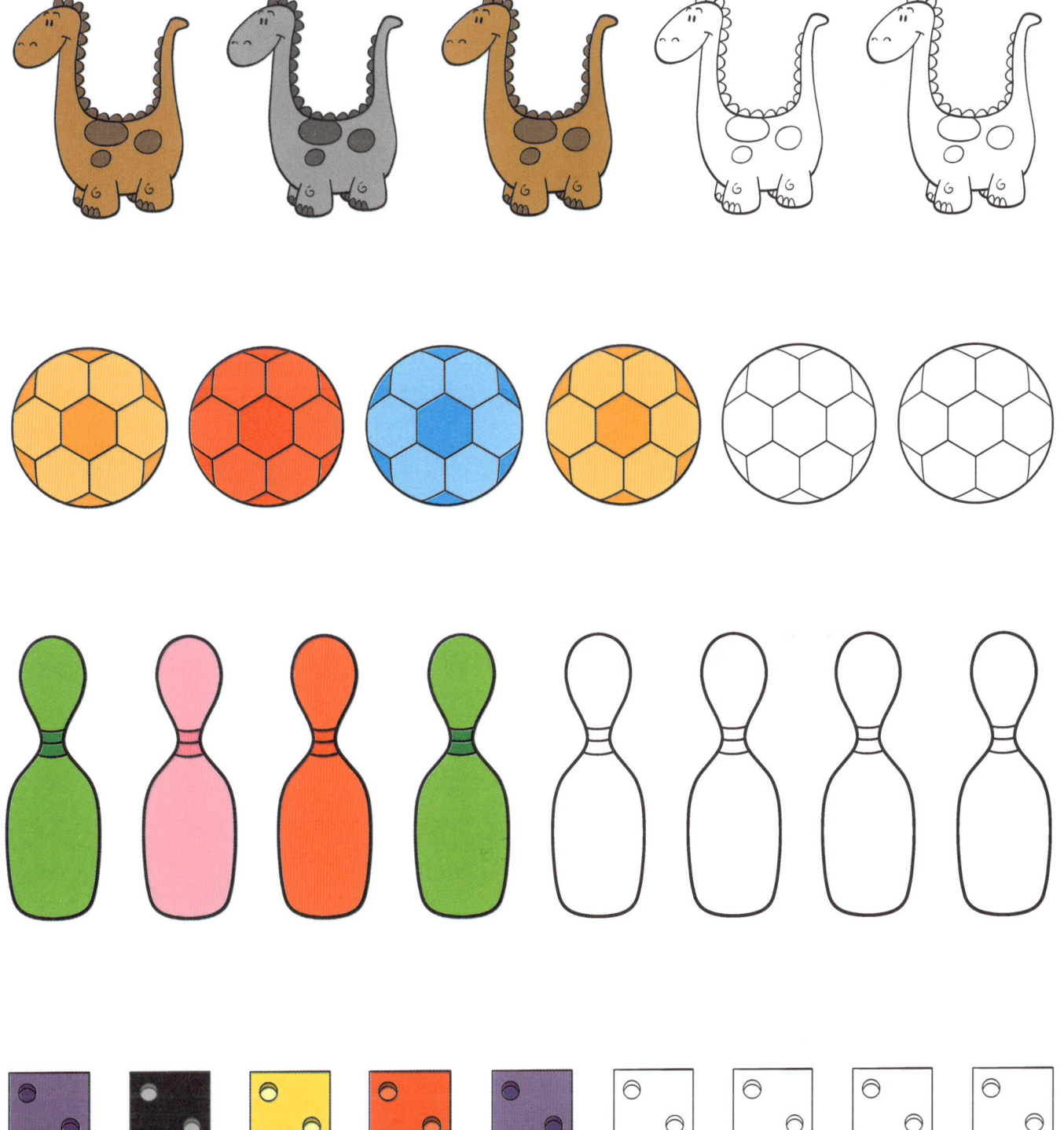

BRUNO E SEUS AMIGOS CONTINUARAM A BRINCAR.
COMPLETE AS SEQUÊNCIAS COM O QUE SE PEDE.

- DESENHE OS PRÓXIMOS **2** BRINQUEDOS.

- DESENHE OS PRÓXIMOS **3** VAGÕES DO TREM.

- DESENHE AS PRÓXIMAS **4** FIGURAS GEOMÉTRICAS.

CORRESPONDÊNCIA

VOCÊ JÁ VIU UM BELO JARDIM FLORIDO?

CIRCULE COM A MESMA COR AS FLORES QUE TÊM A **MESMA FORMA**.

LIGUE OS REGADORES QUE TÊM **CORES IGUAIS**.

PINTE O VASO QUE TEM A **MESMA QUANTIDADE** DE FLORES QUE O MODELO.

LAÍS GOSTA DE AJUDAR SEU PAI A CUIDAR DO JARDIM E DA NATUREZA.
DESTAQUE AS FIGURAS DA PÁGINA 155 E COLE-AS NAS CENAS CORRESPONDENTES.

PARA CUIDAR DO JARDIM, LAÍS E SEU PAI USAM DIVERSOS OBJETOS.
CIRCULE OS OBJETOS **ÚTEIS** PARA O CUIDADO COM O JARDIM.

TERRA

ADUBO

SEMENTES

12 9 3 6

LIGUE OS OBJETOS DE **TAMANHO** CORRESPONDENTE.

QUANTIDADE

VOCÊ CONHECE MUITOS VEÍCULOS?

PINTE DE **VERDE** O VEÍCULO QUE TRANSPORTA **MAIS** PESSOAS E DE **VERMELHO** O QUE TRANSPORTA **MENOS** PESSOAS.

A BICICLETA É UM MEIO DE TRANSPORTE.

DESENHE UM CICLISTA EM CADA BICICLETA **AZUL**.

O QUE É, O QUE É?

QUAL É A COISA, QUAL É ELA,
QUE É REDONDA COMO O SOL,
TEM MAIS RAIOS QUE UMA TROVOADA
E ANDA SEMPRE AOS PARES?

ADIVINHA.

EM QUANTAS BICICLETAS HÁ **UMA** PESSOA?

EM QUANTAS BICICLETAS NÃO HÁ **NENHUMA** PESSOA?

O LOCAL ONDE VÁRIOS VEÍCULOS FICAM ESTACIONADOS SE CHAMA ESTACIONAMENTO.

OBSERVE ESTES QUATRO ESTACIONAMENTOS E FAÇA UM **X** NOS QUE TÊM **A MESMA QUANTIDADE** DE VEÍCULOS.

VAMOS DESENHAR CRIANÇAS DENTRO DESTE ÔNIBUS ESCOLAR?

DESENHE **POUCOS** PASSAGEIROS DO LADO **ESQUERDO** DO ÔNIBUS E **MUITOS** PASSAGEIROS DO LADO DIREITO.

PARA ESPERAR UM ÔNIBUS, AS PESSOAS COSTUMAM FAZER FILAS POR ORDEM DE CHEGADA.

OBSERVE AS FILAS E CIRCULE DE **AZUL** A QUE TEM **MAIS DE** 5 PESSOAS.

DEPOIS, CIRCULE DE **AMARELO** A QUE TEM **MENOS DE** 5 PESSOAS.

NÚMEROS DE 0 A 10

A AULA JÁ VAI COMEÇAR.

QUANTAS CRIANÇAS VOCÊ VÊ NA SALA?

 **UM**

um

ESCREVA O NÚMERO 1.

FAÇA UM **X** NAS CENAS EM QUE HÁ APENAS **1** PESSOA.

E AGORA, QUANTAS CRIANÇAS VOCÊ VÊ NA SALA?

DOIS
dois

ESCREVA O NÚMERO 2.

CIRCULE SOMENTE O QUE TEM **2** ELEMENTOS.

EM CADA QUADRINHO, ESCREVA O NÚMERO CORRESPONDENTE À QUANTIDADE DE ELEMENTOS.

MAIS UMA CRIANÇA CHEGOU PARA A AULA.
QUANTAS CRIANÇAS VOCÊ VÊ NA SALA AGORA?

3 TRÊS
três

ESCREVA O NÚMERO 3.

3 3

3

3

AGRUPE AS GARRAFAS DE **3** EM **3**. SIGA O EXEMPLO.

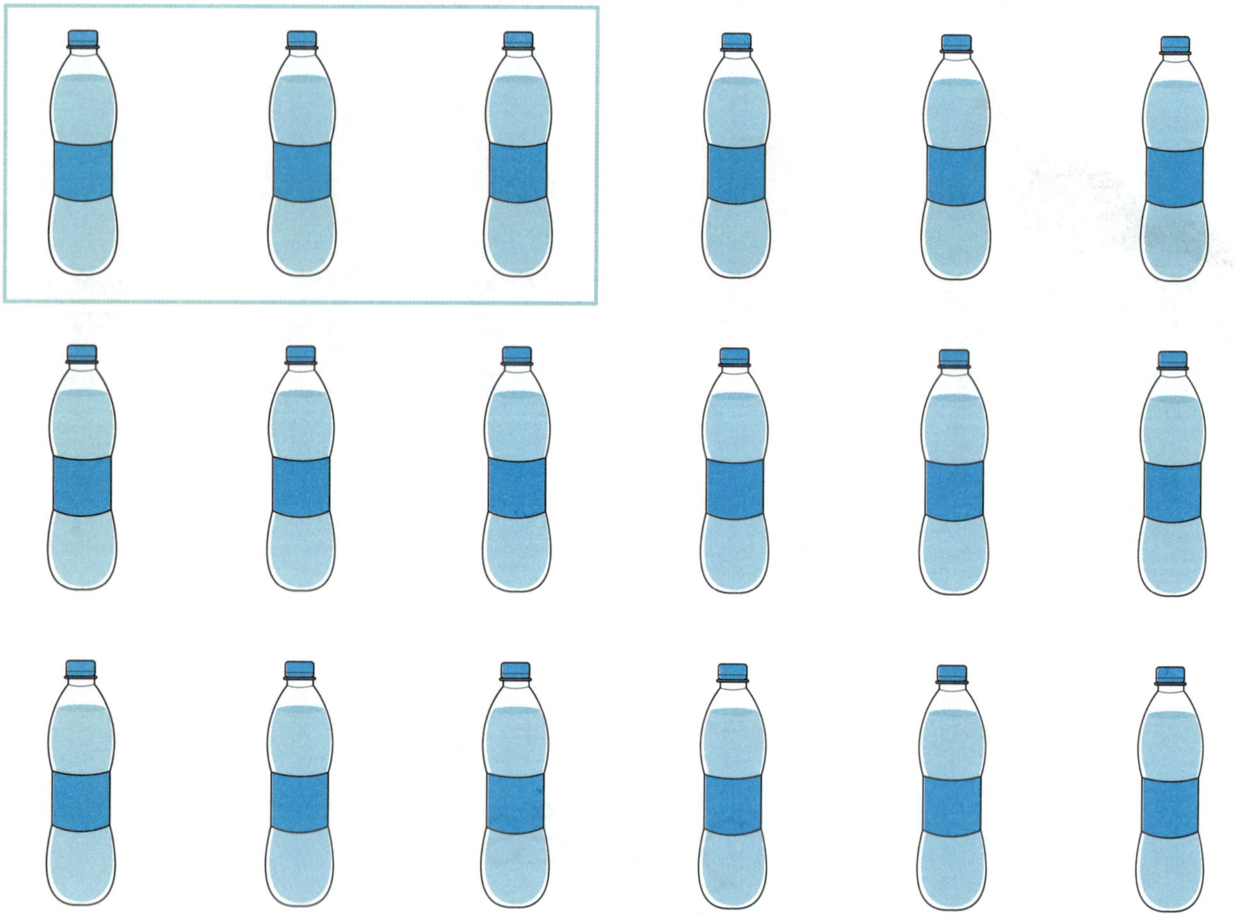

LIGUE A QUANTIDADE DE COPOS AO NÚMERO QUE A REPRESENTA.

3

2

1

HÁ MUITAS CRIANÇAS PARA CHEGAR.

QUANTAS CRIANÇAS ESTÃO NA SALA AGORA?

QUATRO

quatro

ESCREVA O NÚMERO 4.

LIGUE CADA MALA À ALÇA CORRETA PARA COMPLETÁ-LAS.

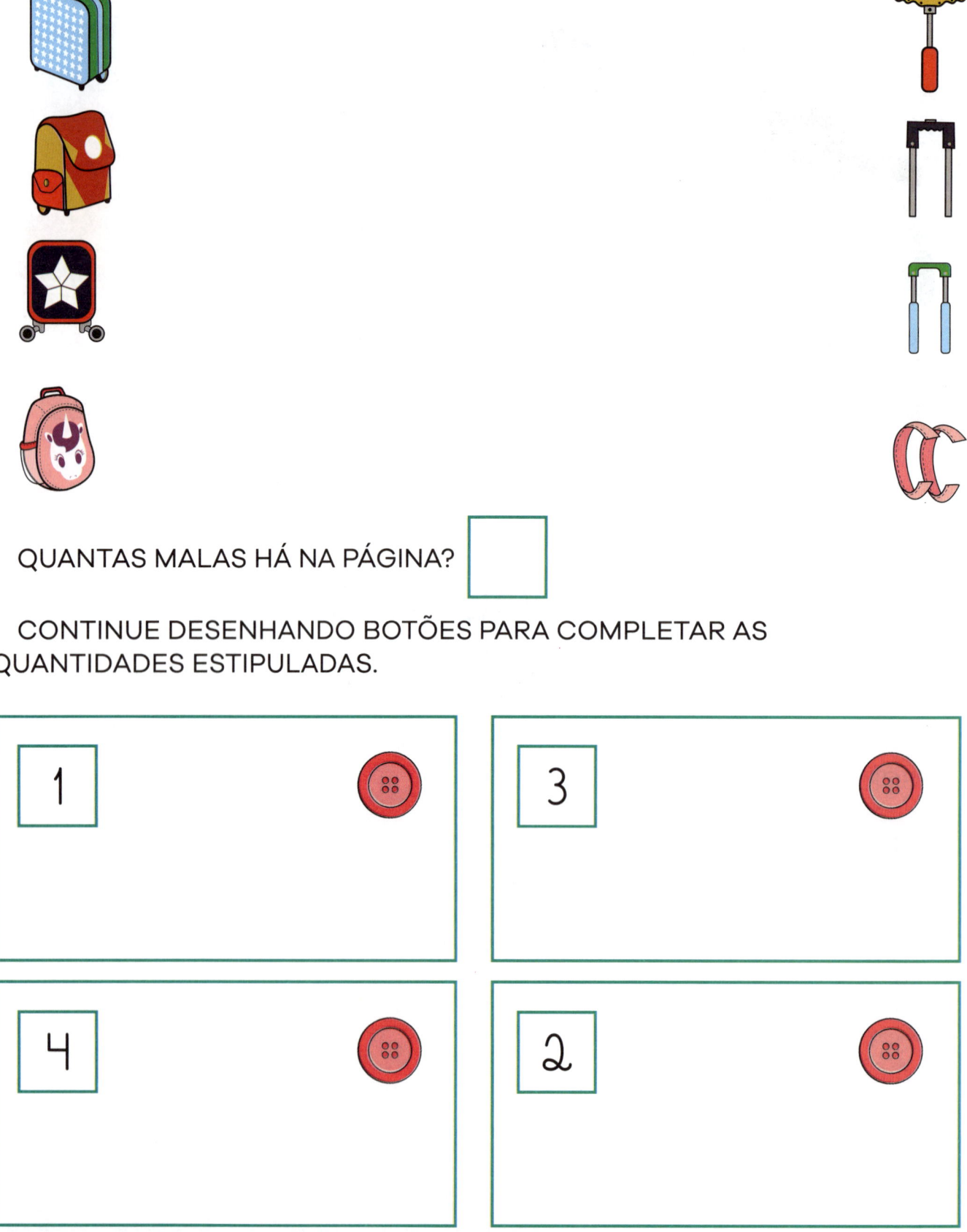

QUANTAS MALAS HÁ NA PÁGINA?

CONTINUE DESENHANDO BOTÕES PARA COMPLETAR AS QUANTIDADES ESTIPULADAS.

1

3

4

2

VEJA QUANTAS CRIANÇAS JÁ CHEGARAM.

QUANTAS CRIANÇAS VOCÊ VÊ NA SALA AGORA?

5 CINCO

cinco

ESCREVA O NÚMERO 5.

5 5

5

5

PINTE AS BOLACHAS DE ACORDO COM A LEGENDA PARA QUE HAJA **5** DE CADA SABOR NA LANCHEIRA DE ANDRÉ.

 MORANGO    CHOCOLATE    LIMÃO

A BOLACHA

MINHA BOLA DE BORRACHA,
CHUTEI PRA LÁ E PRA CÁ.
BATEU DE RASPÃO NA BOLACHA,
VIROU O BULE DE CHÁ.

SINVAL MEDINA E RENATA BUENO.
TUBARÃO TOCA TUBA? SÃO PAULO:
EDITORA DO BRASIL, 2012. P. 6.

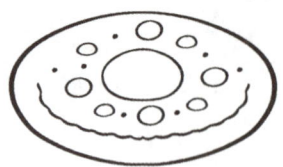

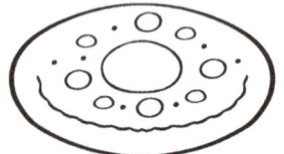

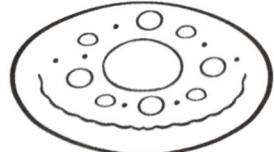
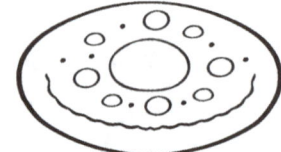
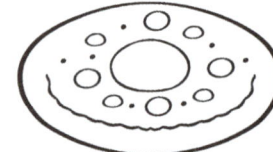

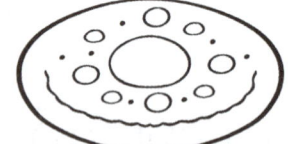
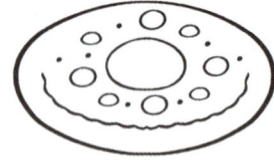
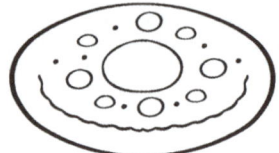
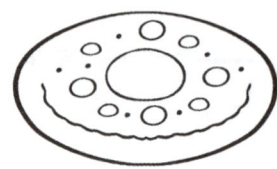

CONTE AS FRUTAS E ESCREVA O NÚMERO CORRESPONDENTE.

HÁ VÁRIAS CRIANÇAS NA SALA.

QUANTAS CRIANÇAS VOCÊ VÊ NELA?

6 SEIS

seis

ESCREVA O NÚMERO 6.

COM CANETINHA HIDROCOR, DESENHE A QUANTIDADE DE ANÉIS INDICADA PARA CADA MÃO.

CIRANDA CIRANDINHA

O ANEL QUE TU ME DESTE
ERA VIDRO E SE QUEBROU.
O AMOR QUE TU ME TINHAS
ERA POUCO E SE ACABOU.

CANTIGA.

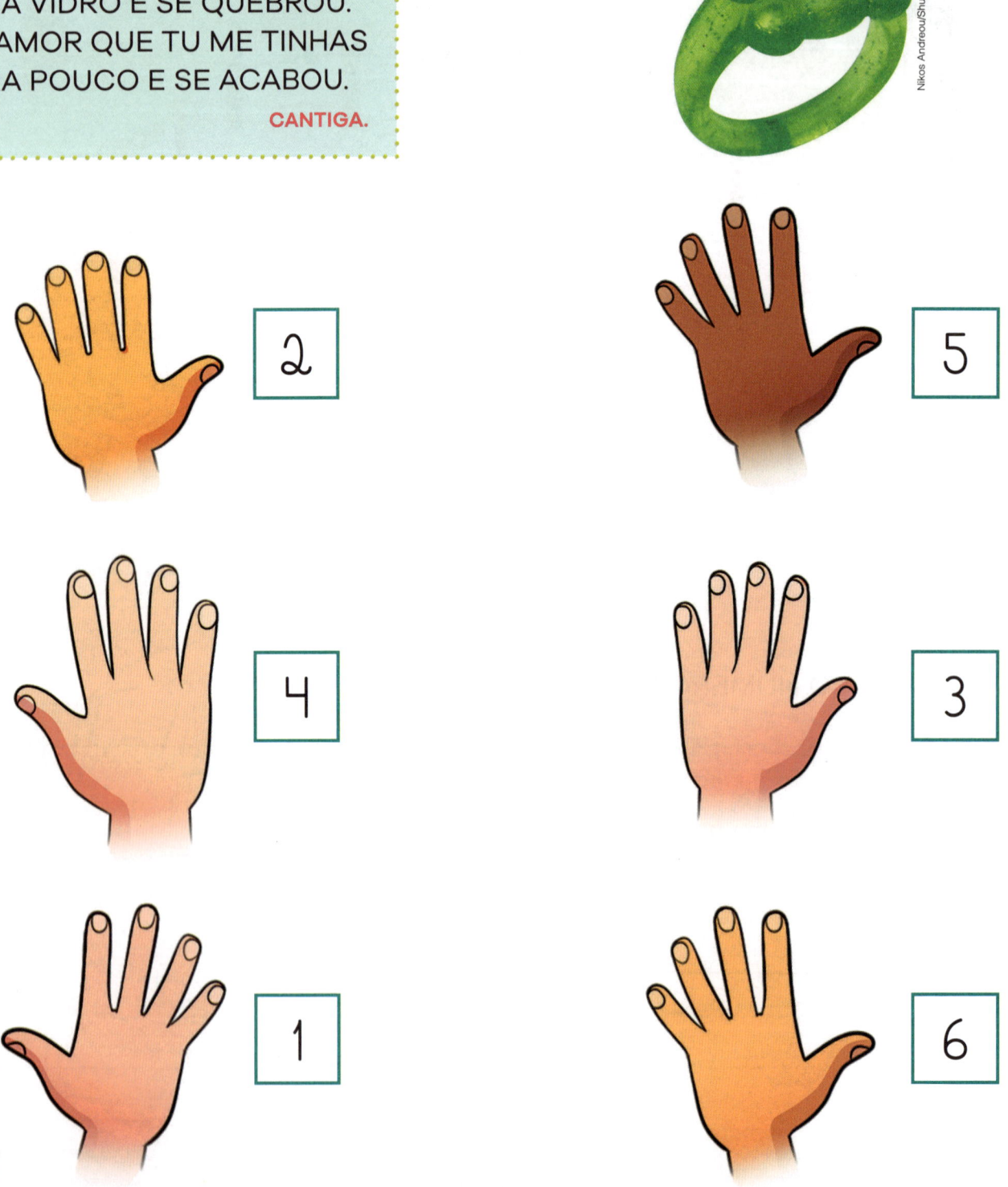

Nikos Andreou/Shutterstock.com

Ilustrações: Estúdio Ornitorrinco

VAMOS CONTAR AS CRIANÇAS.

QUANTAS CRIANÇAS VOCÊ VÊ NA SALA?

7 SETE

sete

ESCREVA O NÚMERO 7.

NUMERE AS PÉTALAS DESTA FLOR DE **1** A **7** E DESENHE **7** ABELHINHAS EM VOLTA DA FLOR.

SOBREMESA MINEIRA

A FLOR GANHOU UM BEIJO,
UM BEIJO DE UMA ABELHA.
A FLOR GANHOU MAIS UM BEIJO,
DE UM RAIO DE SOL.
A FLOR GANHOU MAIS OUTRO BEIJO,
DE UM BEIJA-FLOR.
E FOI ELE, O BEIJA-FLOR,
QUEM DESCOBRIU COM O BEIJO
QUE, NO MIOLINHO DE TODA FLOR MINEIRA,
EXISTE UMA COMPOTEIRA COM DOCE DE LEITE
E UM BAITA PEDAÇO DE QUEIJO.

JONAS RIBEIRO.

Estúdio Ornitorrinco

ESTÃO CHEGANDO AS ÚLTIMAS CRIANÇAS.

QUANTAS CRIANÇAS VOCÊ VÊ NA SALA?

8 OITO
oito

ESCREVA O NÚMERO 8.

PINTE 8 ESCOVAS DE DENTES PARA DEIXAR OS DENTES LIMPINHOS.

[...] EU NÃO TENHO DOR DE DENTE
EU NÃO TENHO DOR NO PÉ
FEBRE, GRIPE OU RESFRIADO
E NEM FEDE MEU CHULÉ [...]

CÉSAR OBEID. SAUDADES. IN: CRIANÇA
POETA: QUADRAS, CORDÉIS E LIMERIQUES.
SÃO PAULO: EDITORA DO BRASIL, 2011. P. 21.

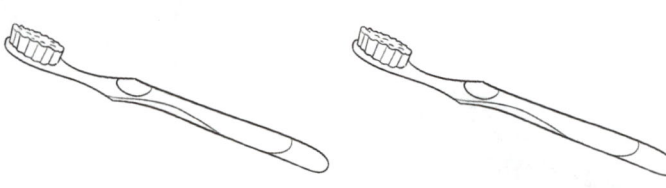

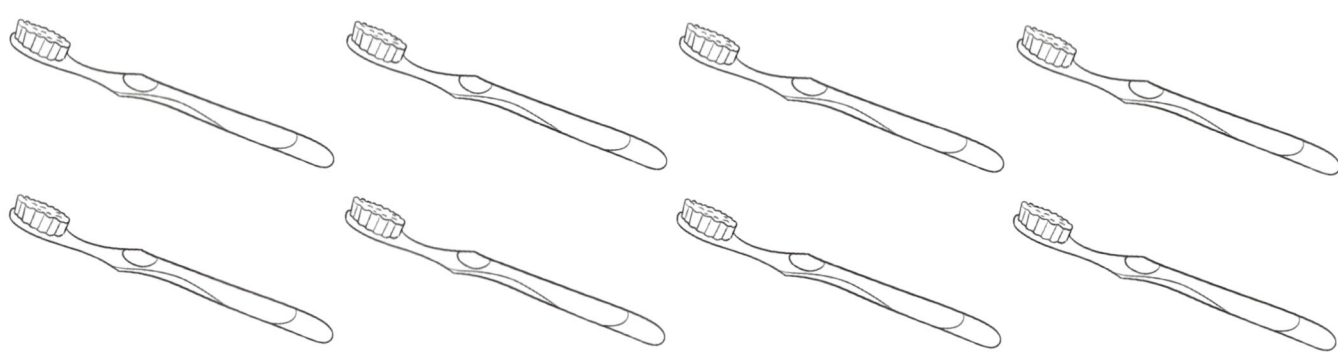

ESCREVA O NÚMERO QUE REPRESENTA A QUANTIDADE DE OBJETOS EM CADA QUADRO.

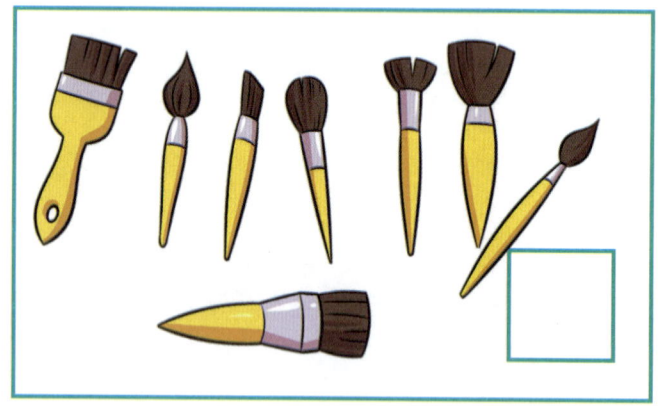

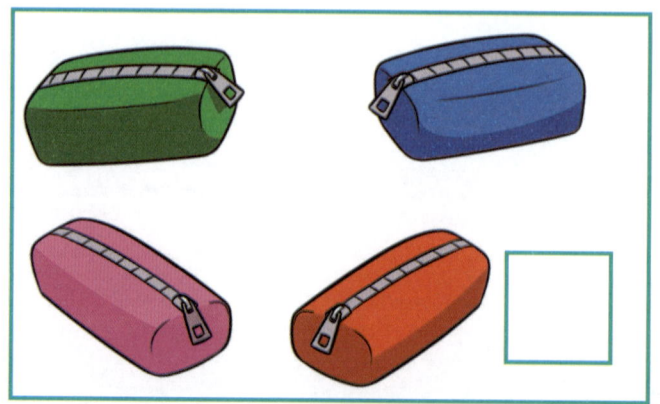

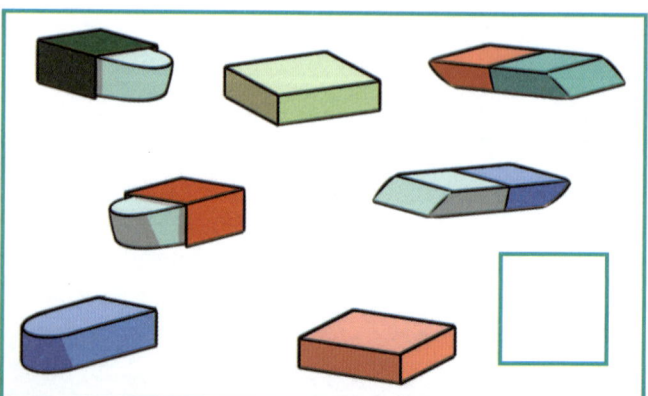

AS CRIANÇAS ESTÃO FELIZES COM TANTOS COLEGAS DE TURMA.
QUANTAS CRIANÇAS VOCÊ VÊ NA SALA?

 NOVE

nove

ESCREVA O NÚMERO 9.

DESTAQUE AS FIGURAS DA PÁGINA 147 E COLE ÓCULOS EM 9 CRIANÇAS.

DESENHE NAS JOANINHAS A QUANTIDADE DE BOLAS CORRESPONDENTE AO NÚMERO INDICADO.

4

7

9

AS CRIANÇAS SAÍRAM PARA O RECREIO.
QUANTAS CRIANÇAS VOCÊ VÊ NA SALA?

ZERO

zero

ESCREVA O NÚMERO 0.

ESCREVA NOS QUADRINHOS O NÚMERO QUE REPRESENTA A QUANTIDADE DE PESSOAS NA CENA E FAÇA UM **X** ONDE HÁ 0 PESSOA.

ESTA É A PROFESSORA DA TURMA.

QUANTAS PESSOAS VOCÊ VÊ NA SALA?

10 **DEZ**

dez

ESCREVA O NÚMERO 10.

10 10

10

10

OBSERVE AS IMAGENS E CIRCULE **10** DIFERENÇAS NA SEGUNDA CENA.

LIGUE OS PONTOS E DESCUBRA A IMAGEM DE UM BRINQUEDO. DEPOIS, PINTE-O.

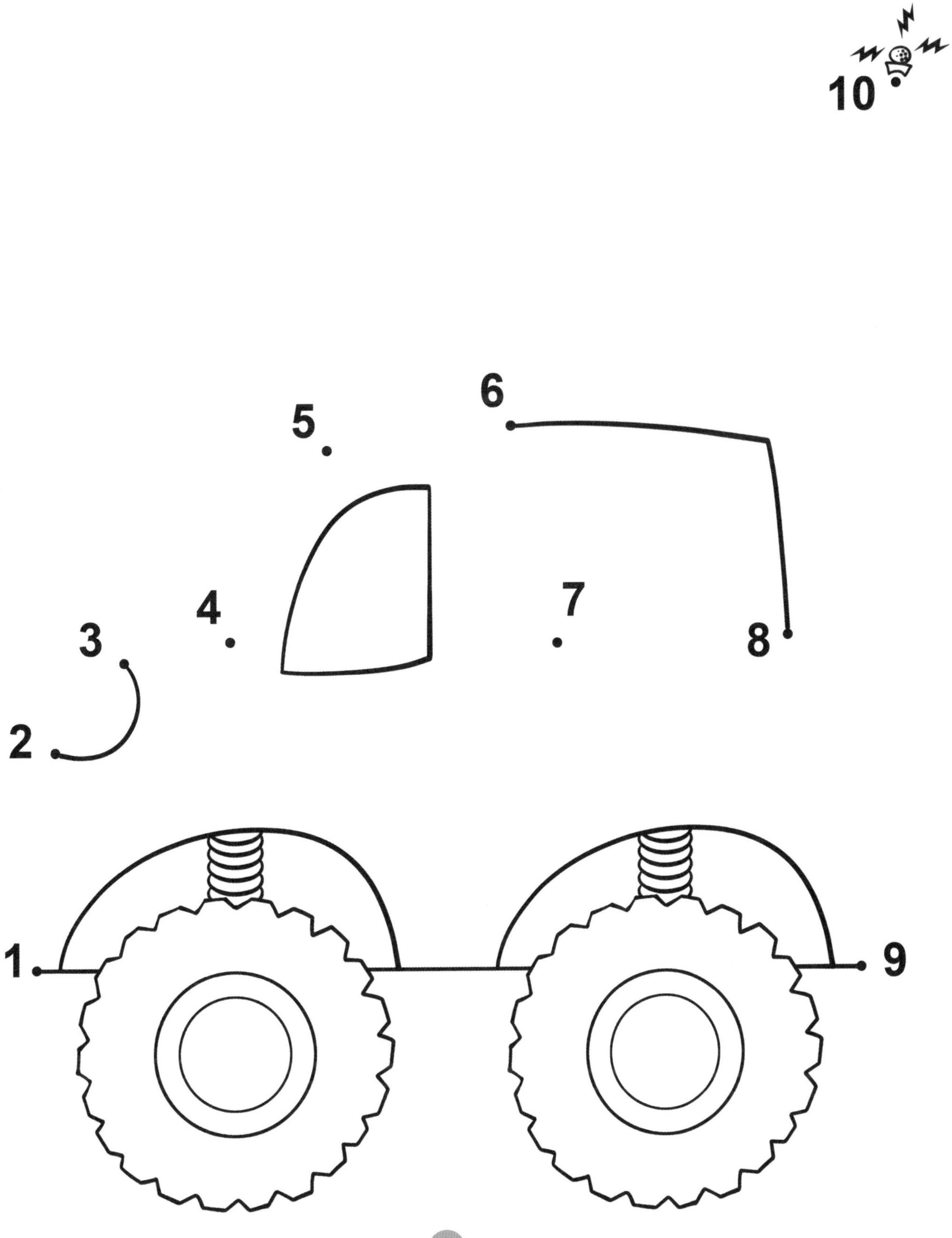

5.

6.

4.

3.

7.

8.

2.

10.

1.

9.

VAMOS RELEMBRAR OS NÚMEROS E AS QUANTIDADES QUE ELES REPRESENTAM?

DESTAQUE AS FIGURAS DA PÁGINA 157 E COLE-AS NO LUGAR CERTO.

1	2
3	4
5	6

CONTINUE DESTACANDO AS FIGURAS DA PÁGINA 157 E COLANDO-AS NO LUGAR ADEQUADO.

7	8
9	0

10

QUE TAL BRINCAR COM NÚMEROS?

SIGA AS INSTRUÇÕES ABAIXO E AS DO PROFESSOR PARA BRINCAR COM OS COLEGAS.

1. SENTEM-SE EM RODA E DEIXEM CÍRCULOS DE PAPEL EM BRANCO NO CENTRO.

2. USANDO CANETINHA HIDROCOR, CADA UM ESCREVE UM NÚMERO DE **1** A **10** EM UM DOS CÍRCULOS DE PAPEL E O DEVOLVE AO CENTRO DA RODA.

3. CADA UM PEGA UM DOS CÍRCULOS DE PAPEL E PRENDE NELE A QUANTIDADE DE PRENDEDORES QUE O NÚMERO REPRESENTA.

4. NO FINAL, O GRUPO ORGANIZA OS CÍRCULOS DO JOGO EM ORDEM NUMÉRICA.

COMPREENDENDO A ADIÇÃO

AS ABELHAS PRODUZEM MEL.

OBSERVE-AS TRABALHANDO NO FAVO DE MEL E PINTE-AS.

AS ABELHAS

A AAAAAAABELHA-MESTRA
E AAAAAAAS ABELHINHAS
ESTÃO TOOOOOOODAS PRONTINHAS
PRA IIIIIIIR PARA A FESTA. [...]

VENHAM VER COMO DÃO MEL
AS ABELHINHAS DO CÉU!

VINICIUS DE MORAES. AS ABELHAS. IN: A ARCA DE NOÉ: POEMAS INFANTIS. SÃO PAULO: CIA. DAS LETRAS, EDITORA SCHWARCZ LTDA., 1991. P. 54-55.

AGORA, CONTE E RESPONDA:

- HÁ QUANTAS ABELHAS GRANDES? _____

- HÁ QUANTAS ABELHAS PEQUENAS? _____

- HÁ QUANTAS ABELHAS AO TODO? _____

AS ABELHAS VIVEM EM COLMEIAS.

OBSERVE A CENA E CIRCULE AS COLMEIAS.

AGORA, CONTE E RESPONDA:

- HÁ QUANTAS COLMEIAS AMARELAS? _____

- HÁ QUANTAS COLMEIAS MARRONS? _____

- HÁ QUANTAS COLMEIAS AO TODO? _____

OBSERVE O GALHO DA ÁRVORE ONDE HÁ DUAS COLMEIAS.
DESENHE MAIS **3** FOLHAS NESSE GALHO.

A ÁRVORE DA MONTANHA

A ÁRVORE DA MONTANHA
OLE IAÔ
A ÁRVORE DA MONTANHA
OLE IAÔ
NESTA ÁRVORE TEM UM GALHO
Ó QUE GALHO, BELO GALHO
AI, AI, AI QUE AMOR DE GALHO.
O GALHO DA ÁRVORE!

CANTIGA.

AGORA, CONTE E RESPONDA:

- QUANTAS FOLHAS HAVIA NO GALHO? _____

- QUANTAS FOLHAS VOCÊ DESENHOU NO GALHO? _____

- QUANTAS FOLHAS FICARAM AO TODO? _____

HÁ ÁRVORES QUE, ALÉM DE FOLHAS, TÊM FRUTOS.

OBSERVE ESTA ÁRVORE E DESENHE MAIS **5** FRUTOS NELA.

AGORA, CONTE E RESPONDA:

• QUANTOS FRUTOS HAVIA NA ÁRVORE? _____

• QUANTOS FRUTOS VOCÊ DESENHOU? _____

• QUANTOS FRUTOS FICARAM AO TODO? _____

COMPREENDENDO A SUBTRAÇÃO

CLARICE ENCONTROU UMA FLOR CAÍDA NO CHÃO.

ERA UMA VEZ UMA MARGARIDA NUM JARDIM.
QUANDO FICOU DE NOITE, A MARGARIDA COMEÇOU A TREMER. [...]
ENTÃO ANA MARIA DESCOBRIU TUDO.
FOI LÁ E DEU UM BEIJO NA MARGARIDA.
A MARGARIDA PAROU DE TREMER.
E DORMIRAM MUITO BEM A NOITE TODA.

FERNANDA LOPES DE ALMEIDA. A MARGARIDA FRIORENTA.
SÃO PAULO: ÁTICA, 2007. P. 1-2 E 29-31.

• QUANTAS PÉTALAS A FLOR TEM? _____

• QUANTAS PÉTALAS CAÍRAM DA FLOR? _____

• QUANTAS PÉTALAS SOBRARAM NA FLOR? _____

AGORA, PINTE AS CENAS.

CLARICE GOSTA MUITO DE FLORES E GANHOU ADESIVOS DE FLORES PARA DECORAR SEU CADERNO.

- QUANTOS ADESIVOS HÁ NA CARTELA? _____

CLARICE DECIDIU DAR ALGUNS ADESIVOS PARA SUA AMIGA TATIANA.

- QUANTOS ADESIVOS CLARICE DEU PARA TATIANA? _____

- QUANTOS ADESIVOS SOBRARAM NA CARTELA? _____

AGORA, PINTE AS CENAS.

TATIANA GOSTOU MUITO DOS ADESIVOS QUE GANHOU DE CLARICE!
ELA VAI COLÁ-LOS EM SEU MATERIAL ESCOLAR.

- QUANTOS OBJETOS HÁ NA MESA? _____

- QUANTOS OBJETOS FORAM RETIRADOS DA MESA? _____

- QUANTOS OBJETOS SOBRARAM NA MESA? _____

AGORA, PINTE AS CENAS.

OBSERVE AS SITUAÇÕES PARA COMPREENDER A HISTÓRIA.

NÚMEROS DE 11 A 20

HELENA SEMPRE REGISTRA SUAS ATIVIDADES COM FOTOGRAFIAS.
QUANTOS PORTA-RETRATOS VOCÊ VÊ NAS PRATELEIRAS?

10 PORTA-RETRATOS   **MAIS**   **1** PORTA-RETRATOS
      1 DEZENA   **MAIS**   **1** UNIDADE

DEZENAS	UNIDADES
1	1

11 ONZE
onze

ESCREVA O NÚMERO 11.

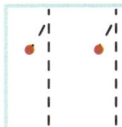

HELENA TEM UMA ZEBRA DE PELÚCIA.

QUANTAS LISTRAS TEM ESTA ZEBRA?

PINTE **10** LISTRAS DE **PRETO** E **1** LISTRA DE **MARROM**.

A ZEBRA ZIMBABUANA
ZANZA BEM ZARAGATEIRA
E ZIGUEZAGUEIA ZONZA
ZOA E ZUNE ZOMBETEIRA

ROSINHA. **ABC DO TRAVA-LÍNGUA.**
SÃO PAULO: EDITORA DO BRASIL.
2012. P. 28.

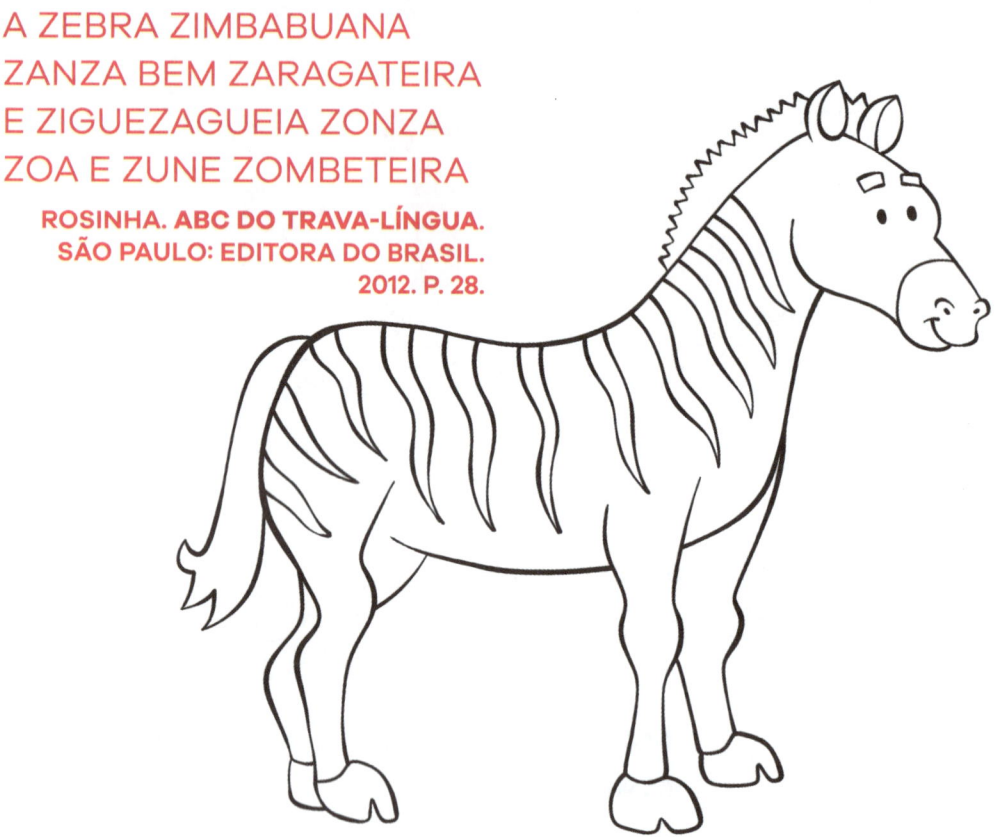

COMPLETE: _____ LISTRAS **OU** _____ DEZENA E _____ UNIDADE.

DEZENAS	UNIDADES

AGORA, FAÇA UM **X** NO SACO COM **11** BOLINHAS DE GUDE.

HELENA CONTINUA REGISTRANDO TUDO.

QUANTOS PORTA-RETRATOS VOCÊ VÊ NAS PRATELEIRAS?

10 PORTA-RETRATOS   **MAIS**   **2** PORTA-RETRATOS

1 DEZENA   **MAIS**   **2** UNIDADES

DEZENAS	UNIDADES
1	2

12 **DOZE** doze

ESCREVA O NÚMERO 12.

HELENA FOI À DOCERIA ESCOLHER UM BOLO DE ANIVERSÁRIO.
QUANTOS BOLOS HÁ NA PRATELEIRA DESTA DOCERIA?
AGRUPE **10** BOLOS E RISQUE **2** BOLOS.

BOCA DE FORNO

BOCA DE FORNO,
FORNO!
TIRA O BOLO,
BOLO!
SE UM MESTRE MANDAR?
FAREMOS TODOS!
E SE NÃO FOR?
BOLO!

PARLENDA.

COMPLETE: _____ BOLOS **OU** _____ DEZENA E _____ UNIDADES.

DEZENAS	UNIDADES

CONTINUE DESENHANDO FATIAS DE BOLO ATÉ COMPLETAR **12** FATIAS.
DEPOIS, DESENHE UMA CEREJA EM CIMA DE **8** PEDAÇOS.

QUANTOS PORTA-RETRATOS VOCÊ VÊ NAS PRATELEIRAS AGORA?

10 PORTA-RETRATOS
1 DEZENA

MAIS
MAIS

3 PORTA-RETRATOS
3 UNIDADES

DEZENAS	UNIDADES
1	3

13 TREZE
treze

ESCREVA O NÚMERO 13.

13

13

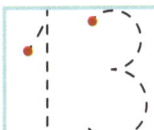

HELENA E SEU PAI LEVARAM SUA CACHORRINHA PARA PASSEAR NO PARQUE.

QUANTOS CACHORROS HÁ NO PARQUE?

CIRCULE **10** CACHORROS E FAÇA UM **X** NOS **3** QUE SOBRAREM.

COMPLETE: _____ CÃES **OU** _____ DEZENA E _____ UNIDADES.

DEZENAS	UNIDADES

DESENHE **11** MANCHAS PRETAS NO DÁLMATA E **13** BOLINHAS AO LADO DELE.

E AGORA, QUANTOS PORTA-RETRATOS VOCÊ VÊ?

10 PORTA-RETRATOS   **MAIS**   **4** PORTA-RETRATOS
1 DEZENA   **MAIS**   **4** UNIDADES

DEZENAS	UNIDADES
1	4

1 4   CATORZE
catorze

ESCREVA O NÚMERO 14.

HELENA FOI COM SUA MÃE À PADARIA COMPRAR PÃO.

QUANTOS PÃES ESTÃO ASSANDO?

AGRUPE **10** PÃES E RISQUE OS **4** QUE SOBRAM.

A MARIA COMEU PÃO
NA CASA DO JOÃO.
– QUEM, EU?
– VOCÊ!
– EU, NÃO!
– ENTÃO, QUEM FOI?

PARLENDA.

COMPLETE: _____ PÃES **OU** _____ DEZENA E _____ UNIDADES.

DEZENAS	UNIDADES

CIRCULE **14** SACOS DE FARINHA.

OBSERVE MAIS UMA FOTO DE HELENA.

QUANTOS PORTA-RETRATOS VOCÊ VÊ NAS PRATELEIRAS AGORA?

10 PORTA-RETRATOS
1 DEZENA

MAIS
MAIS

5 PORTA-RETRATOS
5 UNIDADES

DEZENAS	UNIDADES
1	5

QUINZE

quinze

ESCREVA O NÚMERO 15.

AINDA BEM QUE HELENA PEGOU SEU GUARDA-CHUVA AO SAIR DE CASA.

QUANTOS PINGOS DE CHUVA ESTÃO CAINDO?

PINTE **10** PINGOS DE **AZUL** E **5** PINGOS DE **AMARELO**.

CHUVA E SOL,
CASAMENTO DE ESPANHOL.
SOL E CHUVA,
CASAMENTO DE VIÚVA.

PARLENDA.

COMPLETE: _____ PINGOS **OU** _____ DEZENA E _____ UNIDADES.

DEZENAS	UNIDADES

CONTINUE DESENHANDO NUVENS ATÉ COMPLETAR **15**. DEPOIS, DESENHE UM RAIO EM **3** DELAS.

SÃO MUITOS MOMENTOS ESPECIAIS.

E AGORA, QUANTOS PORTA-RETRATOS VOCÊ VÊ?

10 PORTA-RETRATOS   **MAIS**   **6** PORTA-RETRATOS
1 DEZENA   **MAIS**   **6** UNIDADES

DEZENAS	UNIDADES
1	6

16 **DEZESSEIS**
dezesseis

ESCREVA O NÚMERO 16.

16 16

16

HELENA ACHOU OS ELEFANTES BEM GRANDES.

QUANTAS PEGADAS DE ELEFANTE HÁ NO TOTAL?

AGRUPE **10** PEGADAS E RISQUE AS **6** QUE SOBRAM.

ELEFANTES INCOMODAM

1 ELEFANTE INCOMODA MUITA GENTE
2 ELEFANTES INCOMODAM, INCOMODAM MUITO MAIS [...]
3 ELEFANTES INCOMODAM MUITA GENTE
4 ELEFANTES INCOMODAM, INCOMODAM, INCOMODAM,
INCOMODAM MUITO MAIS [...]

CANTIGA.

COMPLETE: _____ PEGADAS **OU** _____ DEZENA E _____ UNIDADES.

DEZENAS	UNIDADES

PINTE OS ELEFANTES NECESSÁRIOS PARA JUNTAR **16** PATAS.

HELENA TAMBÉM FAZ REGISTROS DE QUANDO GANHA PRESENTES.
QUANTOS PORTA-RETRATOS VOCÊ VÊ AGORA?

10 PORTA-RETRATOS
1 DEZENA

MAIS
MAIS

7 PORTA-RETRATOS
7 UNIDADES

DEZENAS	UNIDADES
1	7

17 DEZESSETE
dezessete

ESCREVA O NÚMERO 17.

17 17

17

HELENA PERDEU UM PÉ DO CHINELO QUE GANHOU!

NO TOTAL, QUANTOS PÉS DE CHINELO VOCÊ VÊ ABAIXO?

AGRUPE **10** CHINELOS E CIRCULE OS **7** QUE SOBRAM.

EU VI UM CARAMELO
ESMAGANDO UM CHINELO.
EU VI UM CANGURU
CARREGANDO UM JABURU.

JONAS RIBEIRO.

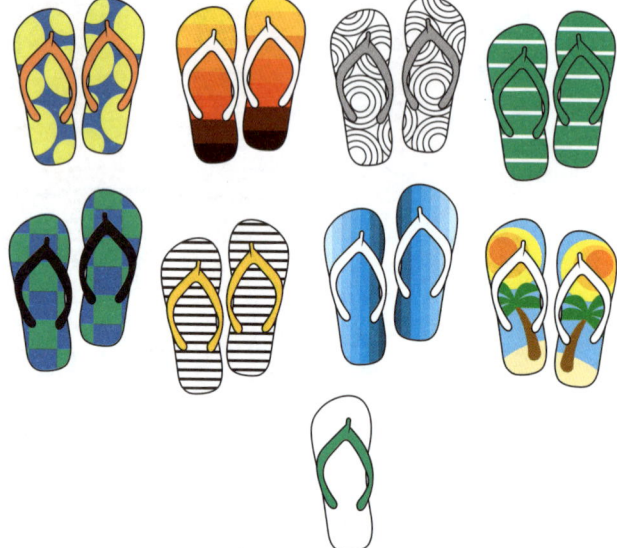

COMPLETE: _____ CHINELOS **OU** _____ DEZENA E _____ UNIDADES.

DEZENAS	UNIDADES

DESENHE **17** BOLINHAS NO QUADRO ABAIXO.

HELENA TAMBÉM FOTOGRAFA SUAS BRINCADEIRAS.

QUANTOS PORTA-RETRATOS VOCÊ VÊ?

10 PORTA-RETRATOS **MAIS** **8** PORTA-RETRATOS
1 DEZENA **MAIS** **8** UNIDADES

DEZENAS	UNIDADES
1	8

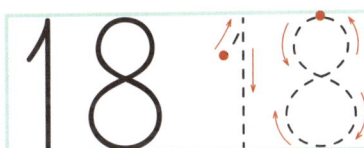 **DEZOITO** dezoito

ESCREVA O NÚMERO 18.

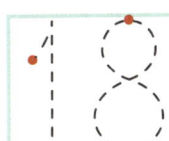

HELENA E SUA AMIGA GOSTAM DE BRINCAR DE PETECA.

QUANTAS PETECAS HÁ NO TOTAL?

AGRUPE **10** PETECAS E FAÇA BOLINHAS NAS **8** QUE SOBRAM.

PETECA

ADIVINHE, SE PUDER!
VOA, TEM PENA,
MAS PÁSSARO NÃO É...

ESSE BRINQUEDO
NÃO TEM SEGREDO.
ALEGRE E SAPECA,
É A COLORIDA PETECA. [...]

**MÉRCIA MARIA LEITÃO E NEIDE
DUARTE. FOLCLORICES DE BRINCAR.
SÃO PAULO: EDITORA DO BRASIL,
2009. P. 17.**

COMPLETE: _____ PETECAS **OU** _____ DEZENA E _____ UNIDADES.

DEZENAS	UNIDADES

PINTE AS PETECAS NECESSÁRIAS PARA JUNTAR **18** PENAS NO TOTAL.

OS PASSEIOS DE HELENA TAMBÉM SÃO FOTOGRAFADOS.

E AGORA? QUANTOS PORTA-RETRATOS VOCÊ VÊ?

10 PORTA-RETRATOS   **MAIS**   **9** PORTA-RETRATOS

1 DEZENA   **MAIS**   **9** UNIDADES

DEZENAS	UNIDADES
1	9

DEZENOVE

dezenove

ESCREVA O NÚMERO 19.

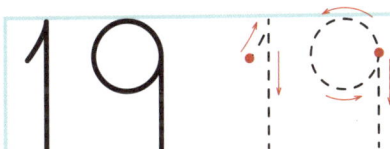

PARA ATRAVESSAR O RIO, HELENA E SEUS PAIS USARAM UMA PONTE.

QUANTAS TÁBUAS HÁ NA PONTE?

PINTE **10** TÁBUAS DE **AZUL** E AS **9** QUE SOBRAM DE **VERMELHO**.

O QUE É, O QUE É?

MESMO ATRAVESSANDO O RIO, NÃO SE MOLHA.

ADIVINHA.

COMPLETE: _____ TÁBUAS **OU** _____ DEZENA E _____ UNIDADES.

DEZENAS	UNIDADES

CONTINUE DESENHANDO ATÉ OBTER **19** PEIXINHOS NO TOTAL.

HELENA TAMBÉM GOSTA DE REGISTRAR SEUS PASSEIOS À PRAIA.
E AGORA? QUANTOS PORTA-RETRATOS VOCÊ VÊ?

10 PORTA-RETRATOS
1 DEZENA

MAIS
MAIS

10 PORTA-RETRATOS
1 DEZENA

DEZENAS	UNIDADES
2	0

VINTE
vinte

ESCREVA O NÚMERO 20.

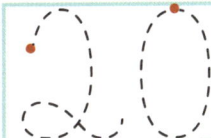

JOSÉ E SÔNIA SÃO PRIMOS DE HELENA E FORAM JUNTOS BRINCAR NA PRAIA COM ELA.

QUANTOS BRINQUEDOS É POSSÍVEL VER NA AREIA, NO TOTAL?

AGRUPE **10** BRINQUEDOS E, DEPOIS, AGRUPE OS OUTROS **10** QUE SOBRAM.

COMPLETE: _____ BRINQUEDOS **OU** _____ DEZENAS E _____ UNIDADE.

DEZENAS	UNIDADES

CONTINUE DESENHANDO ATÉ OBTER **20** PÁS NO TOTAL.

HELENA, JOSÉ E SÔNIA SEMPRE BRINCAM JUNTOS. AGORA, ELES VÃO JOGAR BOLICHE.

CONTE OS PINOS QUE ELES ESTÃO USANDO NO JOGO E ESCREVA O NÚMERO NO QUADRINHO.

A CADA JOGADA, CONTE OS PINOS QUE RESTAM EM PÉ E ESCREVA O NÚMERO NO QUADRINHO.

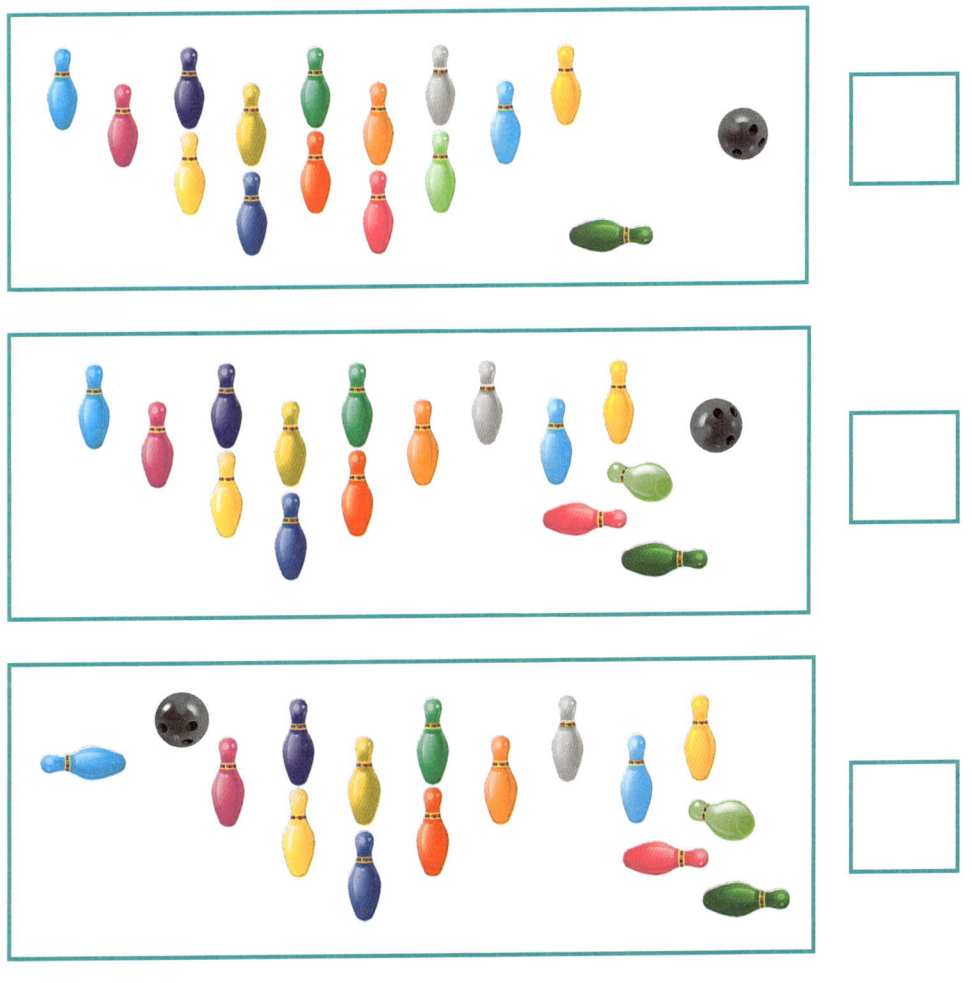

AS CRIANÇAS AGORA VÃO BRINCAR DE RODAR PIÃO.

DESTAQUE AS FIGURAS DA PÁGINA 149 E COLE **13** PIÕES DENTRO DO CÍRCULO E **3** PIÕES FORA DELE.

O PIÃO ENTROU NA RODA

O PIÃO ENTROU NA RODA, PIÃO
O PIÃO ENTROU NA RODA, PIÃO
RODA PIÃO, BAMBEIA PIÃO
RODA PIÃO, BAMBEIA PIÃO [...]

CANTIGA.

AGORA, DESENHE MAIS PIÕES ATÉ COMPLETAR **20** NO TOTAL.

A BRINCADEIRA AGORA É ARREMESSAR BOLAS NO CESTO.

LIGUE CADA CESTO AO NÚMERO QUE REPRESENTA A QUANTIDADE DE BOLAS DENTRO DELE.

OS TRÊS PRIMOS TAMBÉM GOSTAM DE BRINCAR DE **PEGA-PEGA** COM OUTRAS CRIANÇAS. QUANTAS CRIANÇAS ESTÃO BRINCANDO?

CONTE-AS E ESCREVA NO QUADRO O NÚMERO QUE REPRESENTA ESSA QUANTIDADE.

CHEGARAM MAIS CRIANÇAS PARA BRINCAR. QUANTAS SÃO AGORA?

CONTE-AS E ESCREVA NO QUADRO O NÚMERO QUE REPRESENTA ESSA QUANTIDADE.

AS CRIANÇAS DECIDIRAM BRINCAR DE PULAR DE BAMBOLÊ EM BAMBOLÊ.

ESCREVA UM NÚMERO DENTRO DE CADA BAMBOLÊ SEGUINDO A SEQUÊNCIA NUMÉRICA.

PULA, PULA, PIPOQUINHA
PULA, PULA SEM PARAR.
PULA, PULA, QUERO VER
QUANTOS PULOS VOCÊ DÁ!

PARLENDA.

AGORA ELES DECIDIRAM BRINCAR DE BATER FIGURINHAS.

CONTE QUANTAS FIGURINHAS HÁ EM CADA QUADRO E LIGUE-AS ÀS QUANTIDADES CORRESPONDENTES.

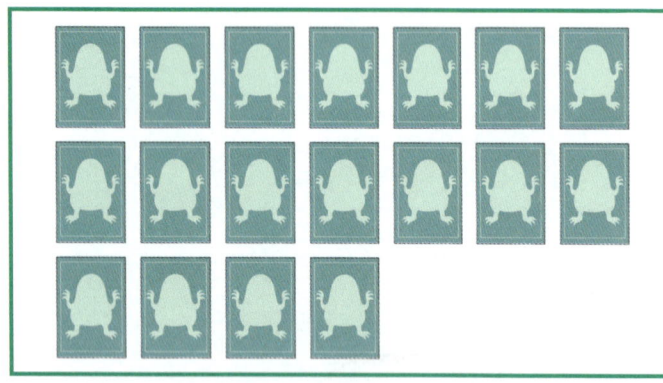

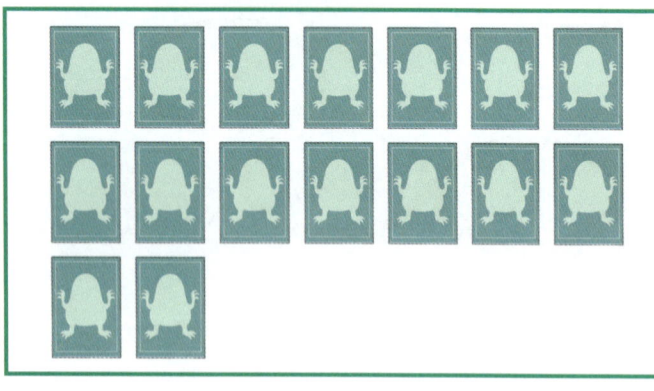

ÀS VEZES, HELENA GOSTA DE BRINCAR SOZINHA COM UM BRINQUEDO MUITO DIVERTIDO.

LIGUE OS PONTOS PARA DESCOBRIR QUE BRINQUEDO É ESSE. DEPOIS, PINTE-O.

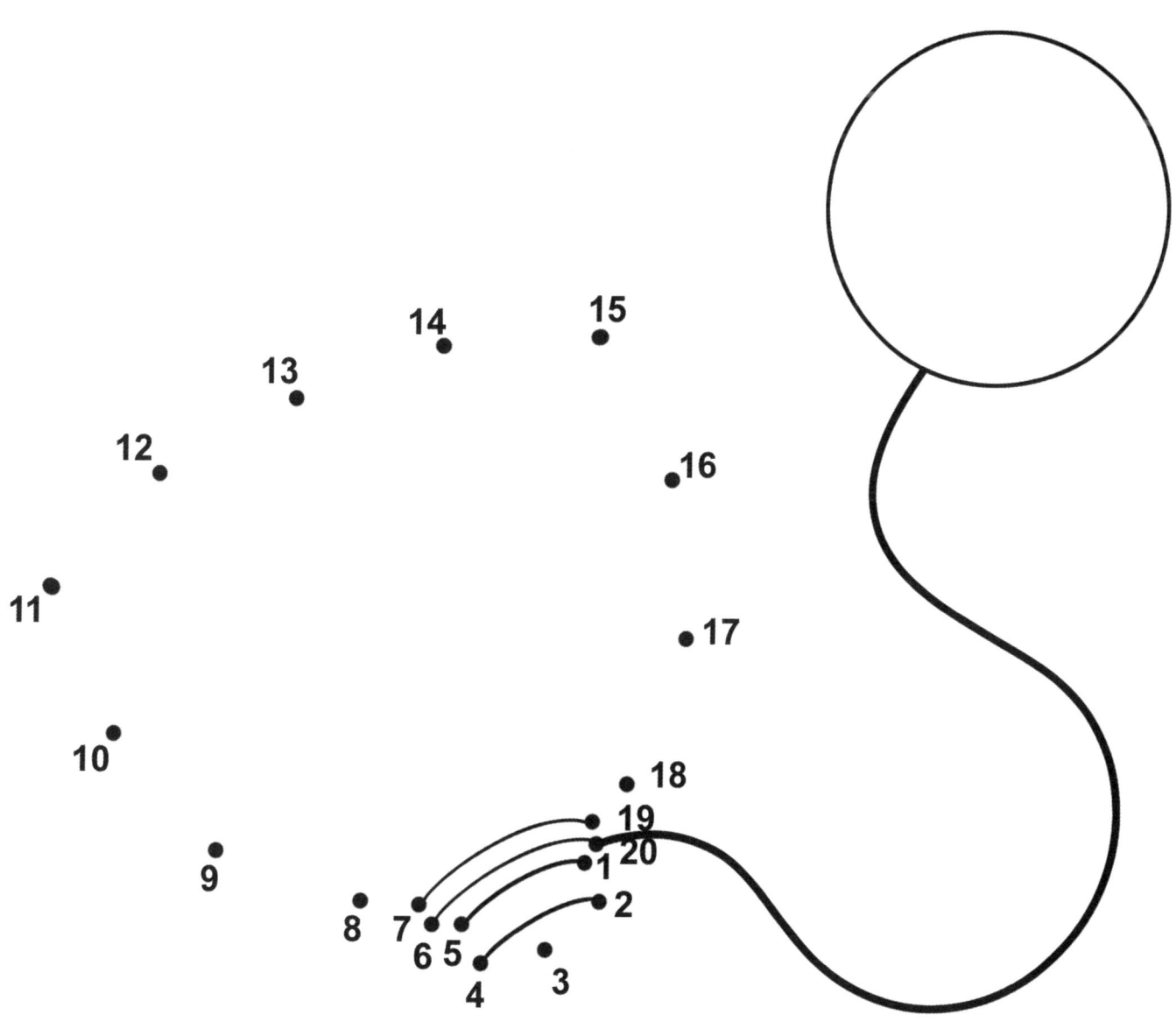

SITUAÇÕES-PROBLEMA

MARIA E SEUS IRMÃOS TÊM IDADES DIFERENTES E USAM ROUPAS DO TAMANHO RESPECTIVO À IDADE DE CADA UM.

LIGUE CADA CRIANÇA A SUA CAMISETA E, DEPOIS, PINTE-A.

EU SOU CAROL. TENHO 2 ANOS.

EU SOU MARIA. TENHO 6 ANOS.

EU SOU MIGUEL. TENHO 12 ANOS.

• QUAL É O NÚMERO DO TAMANHO DE SUA CAMISETA? _____

MARIA ENCONTROU SEUS COLEGAS NA ESCOLA.

PINTE AS PORTAS DE ACORDO COM O NÚMERO DA SALA DE CADA CRIANÇA.

MARIA E OS COLEGAS ENTRARAM NA SALA DE AULA.

CONTINUE A ESCREVER A SEQUÊNCIA NUMÉRICA DA LISTA DE CHAMADA DA TURMA DE DOUGLAS. DEPOIS, ENCONTRE O NOME DELE NA LISTA E PINTE-O DE **AMARELO**.

1	ANA
2	ANTÔNIO
3	BIANCA
	CAIO
	CARLOS
	DOUGLAS
	EDUARDO
	FELIPE
9	GABRIELA
	HEITOR
	JOÃO
	LARISSA
	MARINA
14	OTÁVIO
	PAULO
	PEDRO
	RENATA
18	TATIANA
	THEO
	VINÍCIUS

OLÁ! EU SOU DOUGLAS. SOU AMIGO DA MARIA.

- QUANTAS CRIANÇAS HÁ NA SALA? _____
- PINTE DE **VERDE** O NOME DA CRIANÇA QUE ESTÁ **5** NÚMEROS DEPOIS DE DOUGLAS.
- PINTE DE **AZUL** O NOME DA CRIANÇA QUE ESTÁ **3** NÚMEROS ANTES DE DOUGLAS.

AS CRIANÇAS ESTÃO FAZENDO PINTURA NA AULA.

DESENHE OS POTES DE TINTA, DE MODO QUE REPRESENTEM O TOTAL INDICADO.

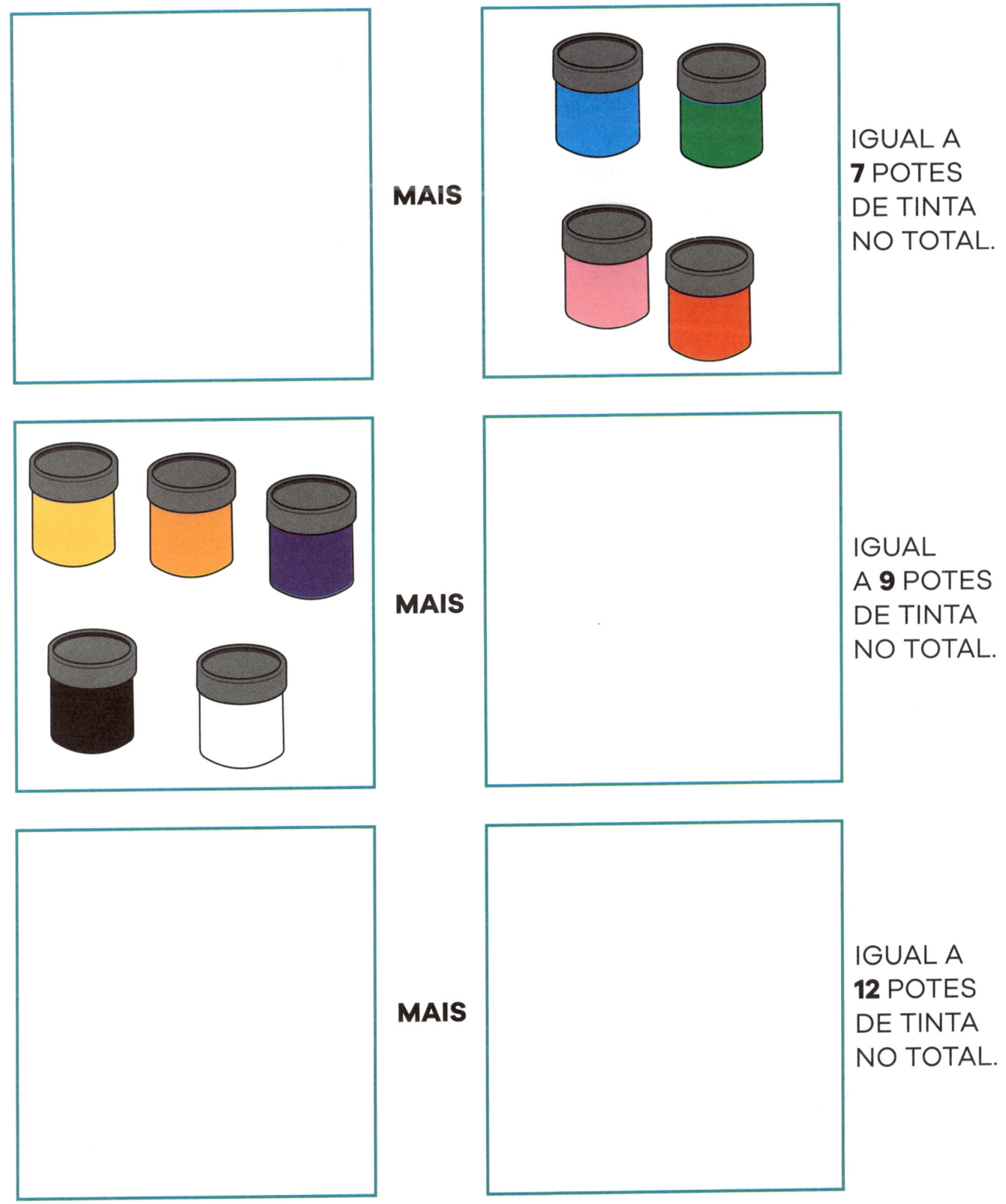

MAIS

IGUAL A **7** POTES DE TINTA NO TOTAL.

MAIS

IGUAL A **9** POTES DE TINTA NO TOTAL.

MAIS

IGUAL A **12** POTES DE TINTA NO TOTAL.

PARA FAZER AS PINTURAS, AS CRIANÇAS USARÃO PINCÉIS E ROLINHOS. CIRCULE A BANDEJA COM MAIS MATERIAIS DE PINTURA E FAÇA UM **X** NA QUE TEM MENOS MATERIAIS.

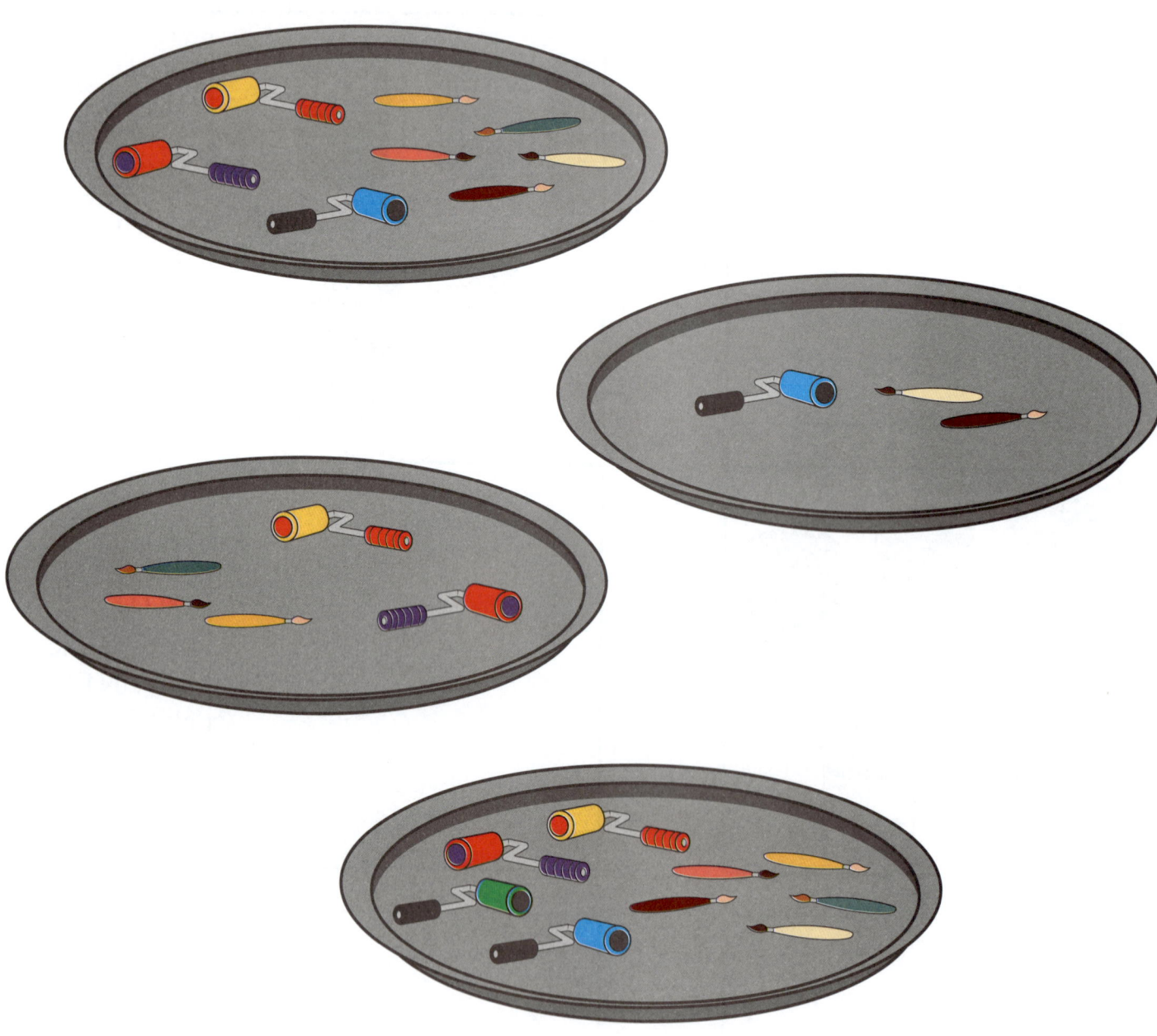

- QUANTOS ROLINHOS HÁ NO TOTAL? _____

- QUANTOS PINCÉIS HÁ NO TOTAL? _____

- HÁ MAIS ROLINHOS OU PINCÉIS? _____

SISTEMA MONETÁRIO

OBSERVE ESTAS NOTAS E MOEDAS DE REAL, O DINHEIRO DO BRASIL.

FRENTE   VERSO

1 REAL

1 real

2 REAIS

2 reais

5 REAIS

5 reais

10 REAIS

10 reais

20 REAIS

20 reais

Imagens: Banco Central do Brasil

PINTE OS OBJETOS COM A COR DO DINHEIRO DO MESMO VALOR QUE ELES CUSTAM.

R$10,00

R$5,00

R$20,00

R$2,00

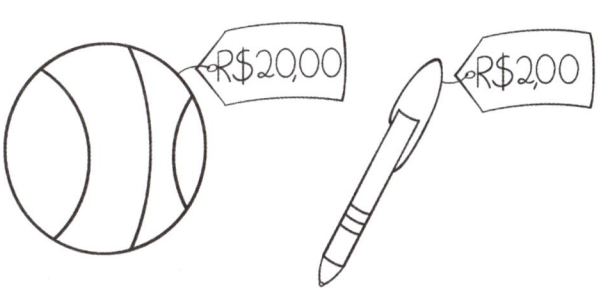

DESTAQUE AS FIGURAS DA PÁGINA 149, CONTE O DINHEIRO E COLE SOMENTE O NECESSÁRIO PARA COMPRAR ESTE CONJUNTO DE CANETAS.

- QUANTO CUSTA O CONJUNTO DE CANETAS? _____ REAIS
SOBROU DINHEIRO? COLE AQUI.

- QUANTO SOBROU? _____ REAIS

MIGUEL E LÚCIA SÃO IRMÃOS E QUEREM JUNTAR A MESADA PARA COMPRAR UM PRESENTE PARA A MÃE DELES.

- QUANTO DINHEIRO TEM MIGUEL? _____ REAIS

- QUANTO DINHEIRO TEM LÚCIA? _____ REAIS

- QUANTO DINHEIRO ELES TÊM JUNTOS? _____ REAIS

PINTE O QUE ELES PODERÃO COMPRAR PARA A MÃE DELES USANDO TODO O DINHEIRO QUE TÊM.

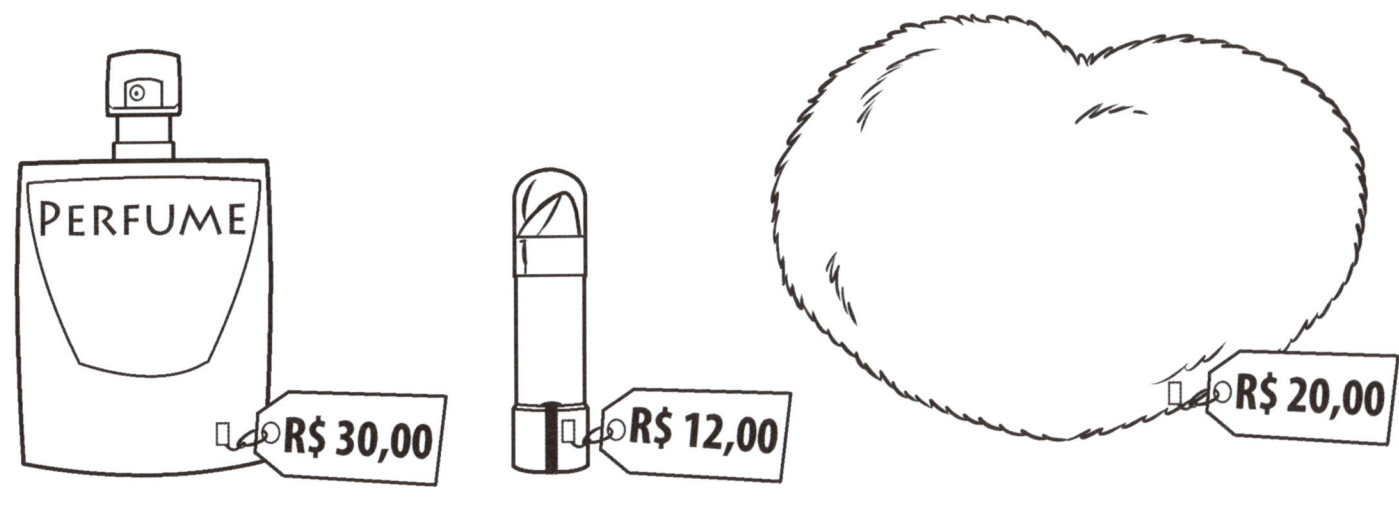

PERFUME

R$ 30,00

R$ 12,00

R$ 20,00

QUE TAL FAZER UM COFRINHO PARA GUARDAR DINHEIRO?
SIGA O PASSO A PASSO E AS ORIENTAÇÕES DO PROFESSOR.

Fotos: Fernando Favoretto

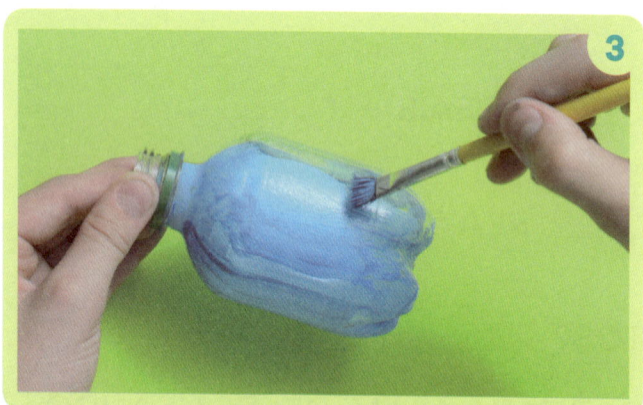

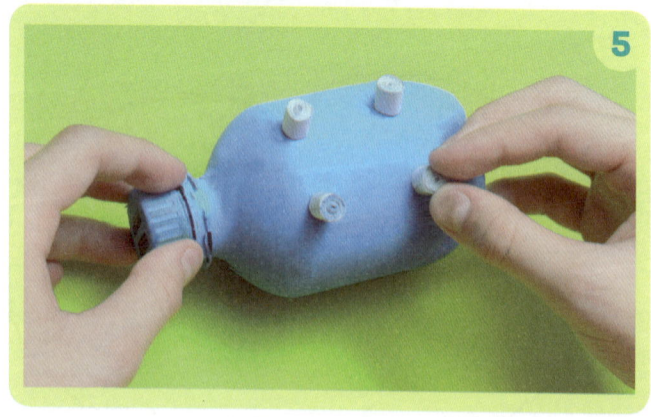

DEPOIS DE PRONTO SEU COFRINHO, DESTAQUE AS FIGURAS DA PÁGINA 159 E DEIXE-O BEM CHEIO DE DINHEIRO.

OBSERVE O DINHEIRO QUE GABRIEL RETIROU DE SEU COFRINHO.

ELE COMPROU UMA BOLINHA DE BORRACHA COM ESSE DINHEIRO.
RISQUE ACIMA QUANTO ELE GASTOU.

• COM QUANTO GABRIEL FICOU?

_____ REAIS

AGORA, OBSERVE O DINHEIRO QUE ÂNGELA RETIROU DE SEU
COFRINHO.

ELA COMPROU UMA BORRACHA E UM CADERNO COM ESSE DINHEIRO.
RISQUE ACIMA QUANTO ELA GASTOU.

• COM QUANTO ÂNGELA FICOU?

_____ REAIS

Imagens: Banco Central do Brasil

EM CADA LINHA, CONTE O DINHEIRO E ESCREVA NOS QUADROS O VALOR TOTAL.

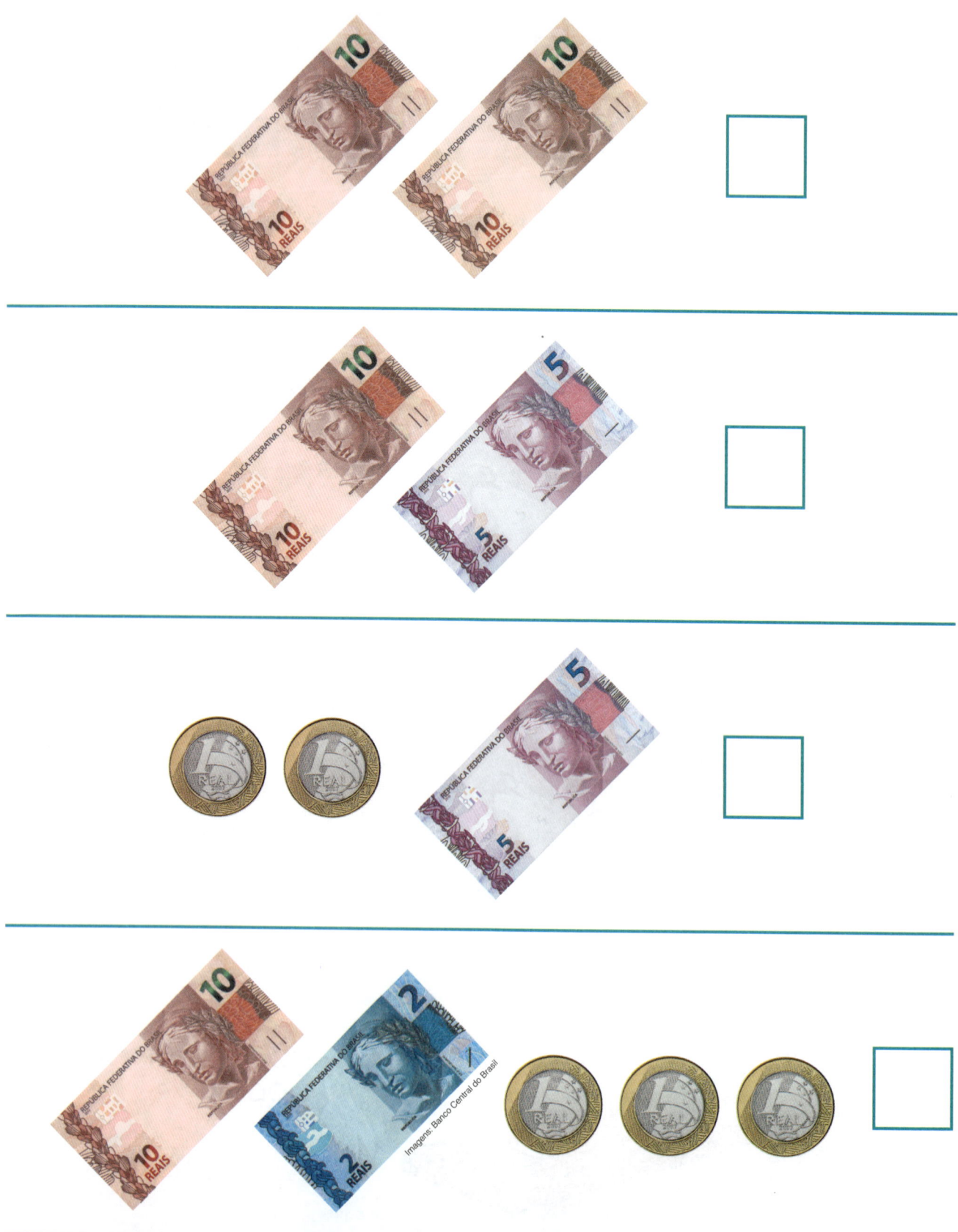

SITUAÇÕES MATEMÁTICAS

OBSERVE AS SITUAÇÕES E COMPREENDA A HISTÓRIA.

HISTÓRIAS E NÚMEROS

VOCÊ CONHECE A HISTÓRIA DE **JOÃO E O PÉ DE FEIJÃO**?

ERA UMA VEZ UMA VIÚVA MUITO POBRE QUE MORAVA COM SEU FILHO, JOÃO.

UM DIA, ELA PEDIU A JOÃO QUE VENDESSE A VACA QUE TINHAM PARA COMPRAR COMIDA. MAS UM MERCADOR MISTERIOSO CONVENCEU JOÃO A TROCAR A VACA POR 3 GRÃOS DE FEIJÃO MÁGICOS, QUE TRARIAM MUITAS RIQUEZAS A ELE.

QUANDO A MÃE DE JOÃO DESCOBRIU, FICOU FURIOSA E JOGOU OS FEIJÕES PELA JANELA.

NA MANHÃ SEGUINTE, HAVIA CRESCIDO UM ENORME PÉ DE FEIJÃO QUE CHEGAVA AO CÉU.

JOÃO SUBIU NO PÉ DE FEIJÃO E, LÁ NO TOPO, ENCONTROU UM GIGANTE QUE POSSUÍA UMA GALINHA QUE BOTAVA OVOS DE OURO.

CONTO DE JOSEPH JACOBS RECONTADO PELAS AUTORAS.

DEIXE OS OVOS DOURADOS COMO OURO.

A GALINHA BOTOU MUITOS OVOS DE OURO.

DESTAQUE AS FIGURAS DA PÁGINA 151 E COLE OS OVOS ABAIXO, EM ORDEM DO **MAIOR** PARA O **MENOR**.

LIGUE A **MESMA QUANTIDADE** DE OVOS À DE FEIJÕES.

OS FEIJÕES MÁGICOS BROTARAM E O PÉ DE FEIJÃO CHEGOU ATÉ AS NUVENS. LÁ EM CIMA, JOÃO ENCONTROU UM GIGANTE.

DESTAQUE AS FIGURAS DA PÁGINA 151 E COLE-AS NA CENA, DE ACORDO COM AS INSTRUÇÕES A SEGUIR:

- JOÃO **EMBAIXO** DA CADEIRA;
- A GALINHA **PERTO** DO GIGANTE;
- O OVO **EM CIMA** DA MESA.

JOÃO PRECISA VOLTAR PARA CASA.

PINTE AS SETAS NA DIREÇÃO QUE JOÃO DEVE SEGUIR.

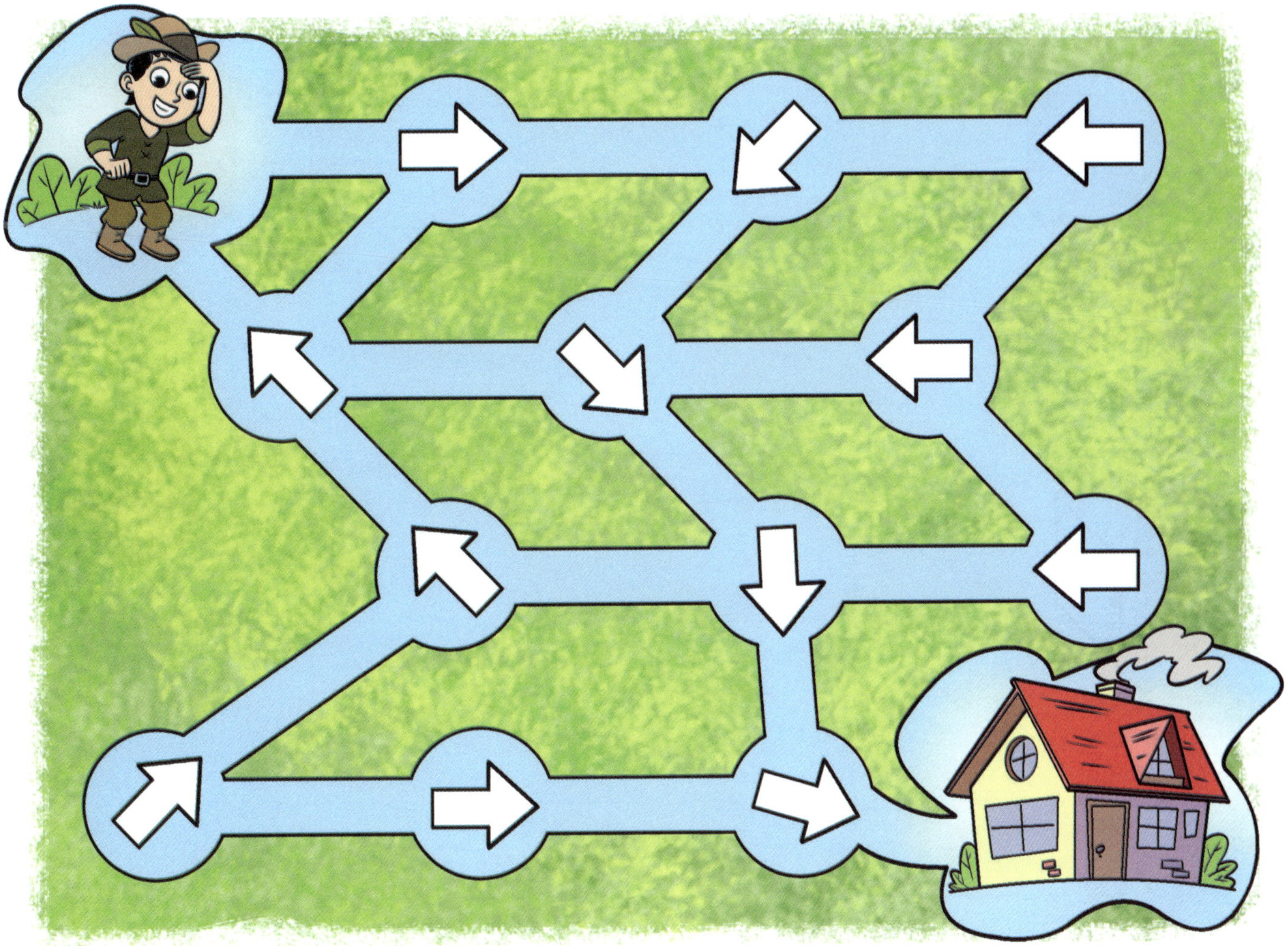

POR QUANTO VOCÊ VENDERIA CADA UM DOS OVOS DE OURO?

DESTAQUE AS FIGURAS DA PÁGINA 151 E COLE-AS ABAIXO PARA INDICAR O PREÇO DE CADA OVO.

Imagens: rudall30/Shutterstock.com

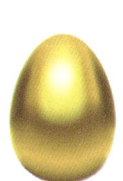

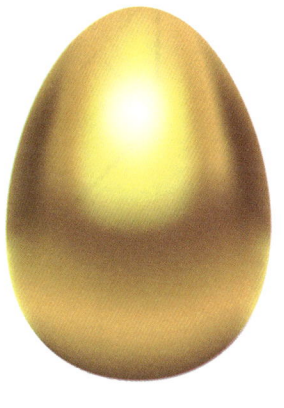

JOÃO GUARDOU CADA COISA EM UM RECIPIENTE DIFERENTE.
LIGUE OS RECIPIENTES ÀS FORMAS QUE ELES LEMBRAM.

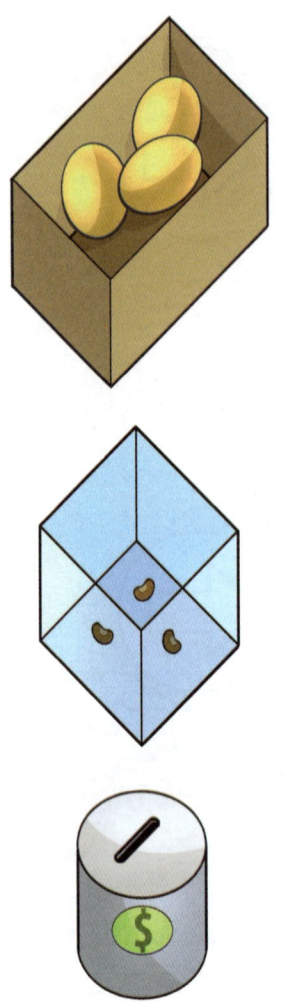

ESCREVA NOS QUADROS A QUANTIDADE DE FEIJÕES DE CADA CAIXA.

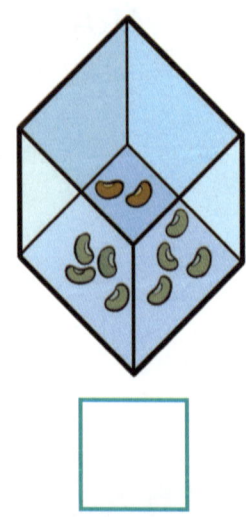

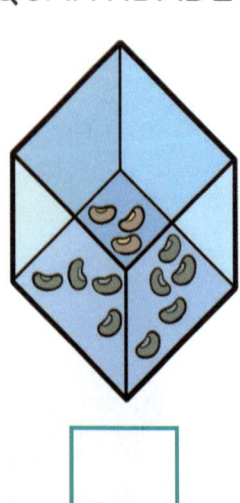

ENCARTES DE ADESIVOS

PÁGINA 19

PÁGINA 21

PÁGINA 27

PÁGINA 84

PÁGINA 122

PÁGINA 134

PÁGINA 141

Imagens: rudall30/Shutterstock.com

PÁGINA 142

PÁGINA 143

Imagens: Banco Central do Brasil

PÁGINA 56

PÁGINA 60

  **PRESERVE O MEIO AMBIENTE**

JOGUE
O LIXO NO LIXO

Imagens: Banco central do Brasil

BRINCANDO COM OS NÚMEROS

Jaime Teles da Silva
Graduado em Pedagogia
Bacharel e licenciado em Educação Física
Especializado em Educação Física Escolar
Professor na rede municipal

• • • • • • • • • • • • • •

Letícia García
Formada em Pedagogia
Professora de Educação Infantil

• • • • • • • • • • • • • •

Vanessa Mendes Carrera
Mestre em Educação
Pós-graduada em Alfabetização e Letramento
Graduada em Pedagogia
Professora de Educação Infantil e do 1º ano
do Ensino Fundamental

• • • • • • • • • • • • • •

Viviane Osso L. da Silva
Pós-graduada em Neurociência Aplicada à Educação
Pós-graduada em Educação Inclusiva
Graduada em Pedagogia
Professora de Educação Infantil e do 1º ano
do Ensino Fundamental

CADERNO DE ATIVIDADES

2

Educação Infantil

Editora
do Brasil

LUZIA ENCONTROU UMA LINDA CASINHA NA FLORESTA, QUE TEM DUAS PORTAS. ELA SÓ PODE ENTRAR PELA PORTA MAIS **LARGA**. PINTE A PORTA QUE LUZIA DEVE ABRIR.

PINTE OS BALÕES QUE TÊM O **MESMO TAMANHO**.

CANTE A PARLENDA E DESENHE NAS CASINHAS AS JANELAS
CORRESPONDENTES. DEPOIS, PINTE AS IMAGENS.

A JANELINHA FECHA
QUANDO ESTÁ CHOVENDO.

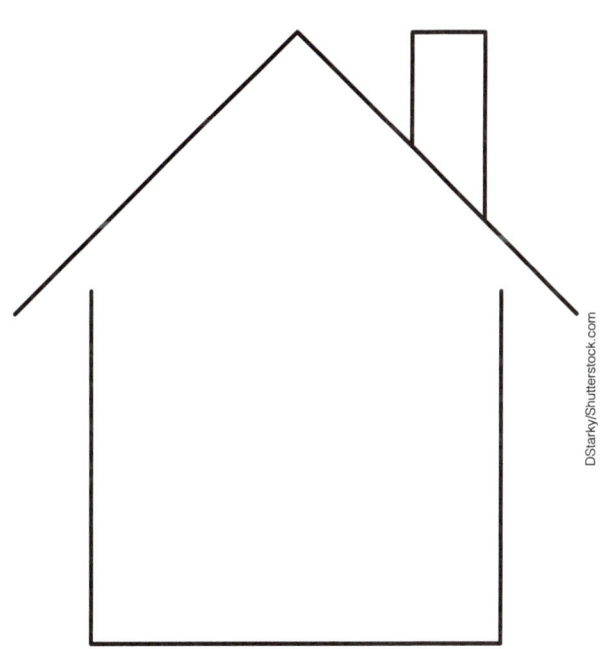

A JANELINHA ABRE
SE O SOL ESTÁ APARECENDO.

CANTIGA.

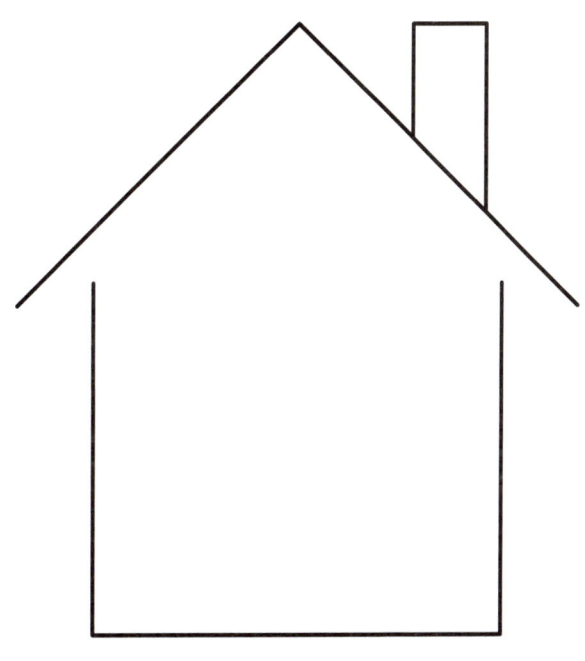

LIGUE OS ANIMAIS CORRETAMENTE JUNTANDO A IMAGEM **DE FRENTE** À IMAGEM **DE COSTAS** DE CADA UM DELES.

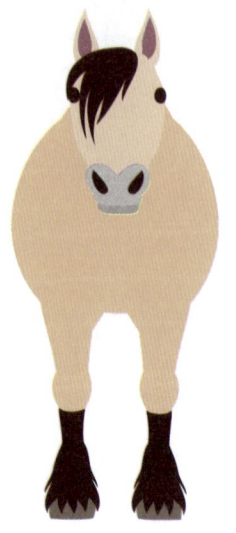

COMPLETE A CENA DESENHANDO BRINQUEDOS **EM CIMA** DA CAMA E
SAPATOS **EMBAIXO** DA CAMA. DEPOIS, PINTE A IMAGEM.

SIGA AS SETAS E LEVE A LOBA ATÉ OS LOBINHOS.

PINTE O QUE SE PEDE.

- O PRATO DE COMIDA QUE PARECE MAIS **PESADO**.

- A CAIXA DE BRINQUEDOS QUE PARECE MAIS **LEVE**.

OBSERVE O TRENZINHO. ELE FOI CONSTRUÍDO COM FIGURAS GEOMÉTRICAS. CONTE-AS E COMPLETE A LEGENDA COM A QUANTIDADE CORRESPONDENTE. DEPOIS, PINTE O TRENZINHO COM AS CORES DA LEGENDA E DESENHE O CENÁRIO ONDE ELE ESTÁ.

VOCÊ JÁ CONHECE OS SÓLIDOS GEOMÉTRICOS? DESENHE OBJETOS QUE SE PARECEM COM CADA UM DELES.

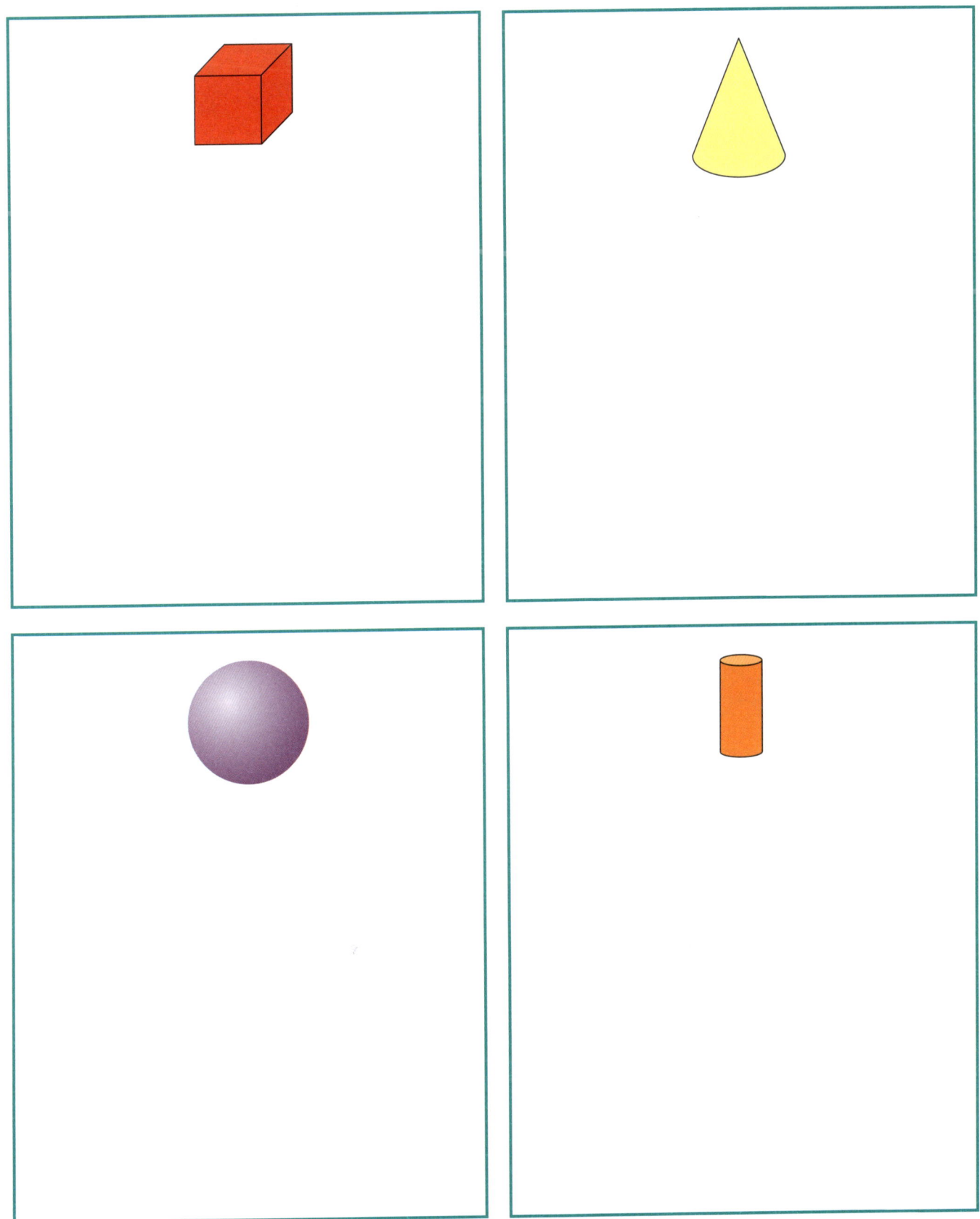

SIGA AS ORIENTAÇÕES.

- DESENHE CARRINHOS DO **MENOR** PARA O **MAIOR**.

- DESENHE FLORES DA **MAIOR** PARA A **MENOR**.

HOJE, PAULA COMBINOU DE BRINCAR COM OS AMIGOS NO PARQUE. PINTE AS CRIANÇAS QUE TROUXERAM UM BRINQUEDO E CIRCULE A CRIANÇA QUE NÃO TROUXE BRINQUEDO.

FAÇA O QUE SE PEDE.

• PINTE O FORMIGUEIRO QUE TEM **MAIS** FORMIGAS.

• PINTE O POTINHO QUE TEM **MENOS** LÁPIS DE COR.

COMPLETE AS CESTAS COM MAÇÃS PARA FICAREM COM A **MESMA QUANTIDADE**.

VAMOS TREINAR OS NÚMEROS?

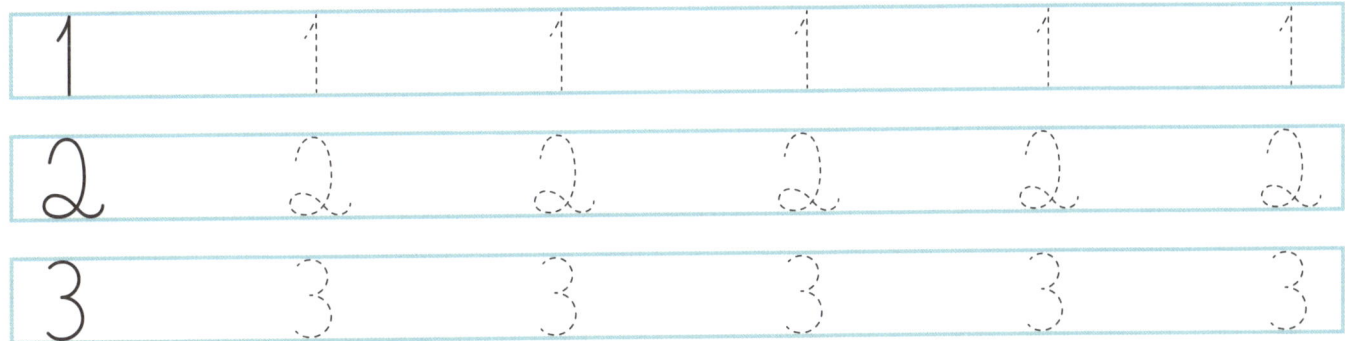

1   1   1   1   1   1

2   2   2   2   2   2

3   3   3   3   3   3

CIRCULE O NÚMERO CORRESPONDENTE AOS ELEMENTOS DE CADA CONJUNTO.

1   2   3   4   5

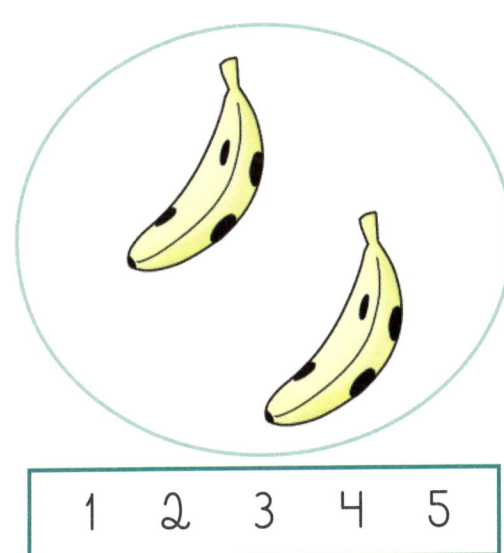

1   2   3   4   5

1   2   3   4   5

VAMOS TREINAR OS NÚMEROS?

4	4	4	4	4	4
5	5	5	5	5	5
6	6	6	6	6	6

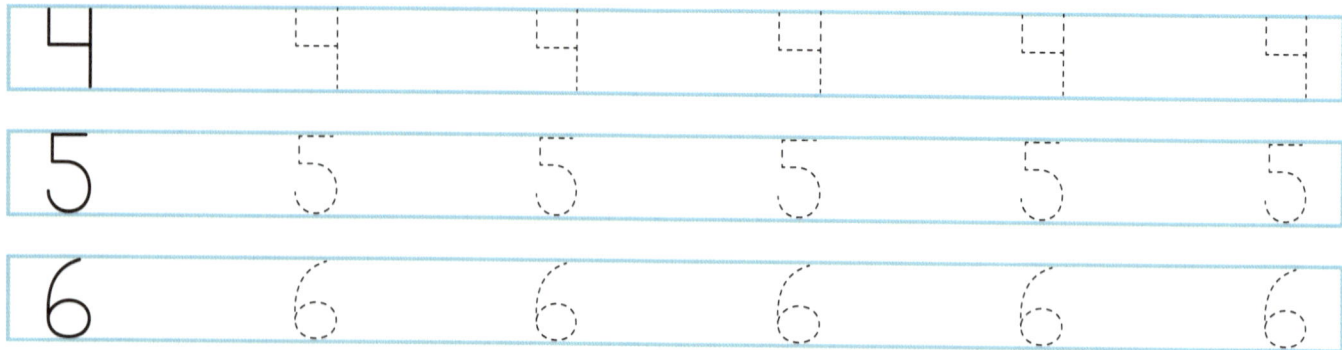

FORME CONJUNTOS DE **4**, **5** E **6** PALITOS DE SORVETE. USE UMA COR DIFERENTE PARA CIRCULAR CADA CONJUNTO.

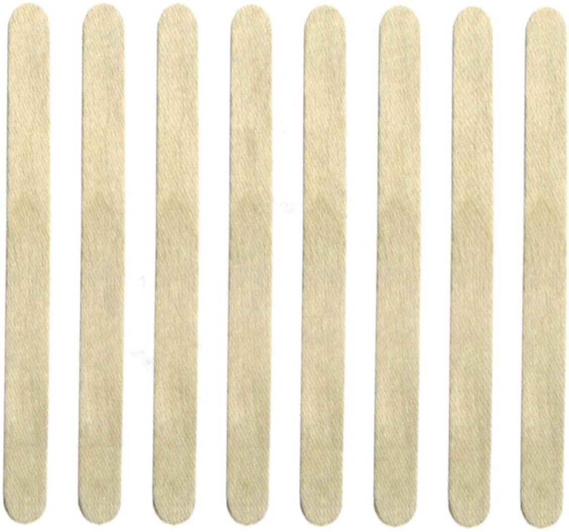

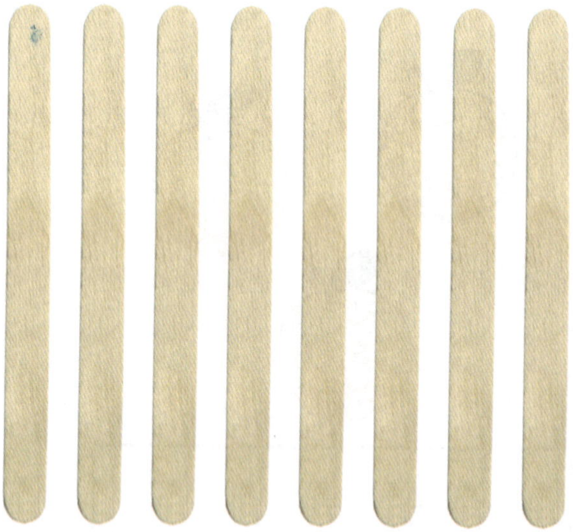

VAMOS TREINAR OS NÚMEROS?

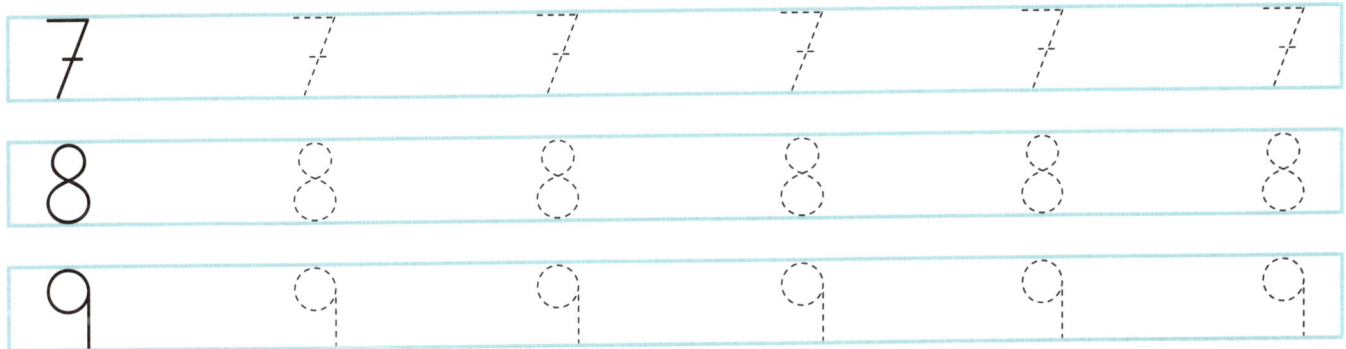

COMPLETE AS PEÇAS DO DOMINÓ ATÉ CHEGAR À QUANTIDADE DE PONTOS INDICADA.

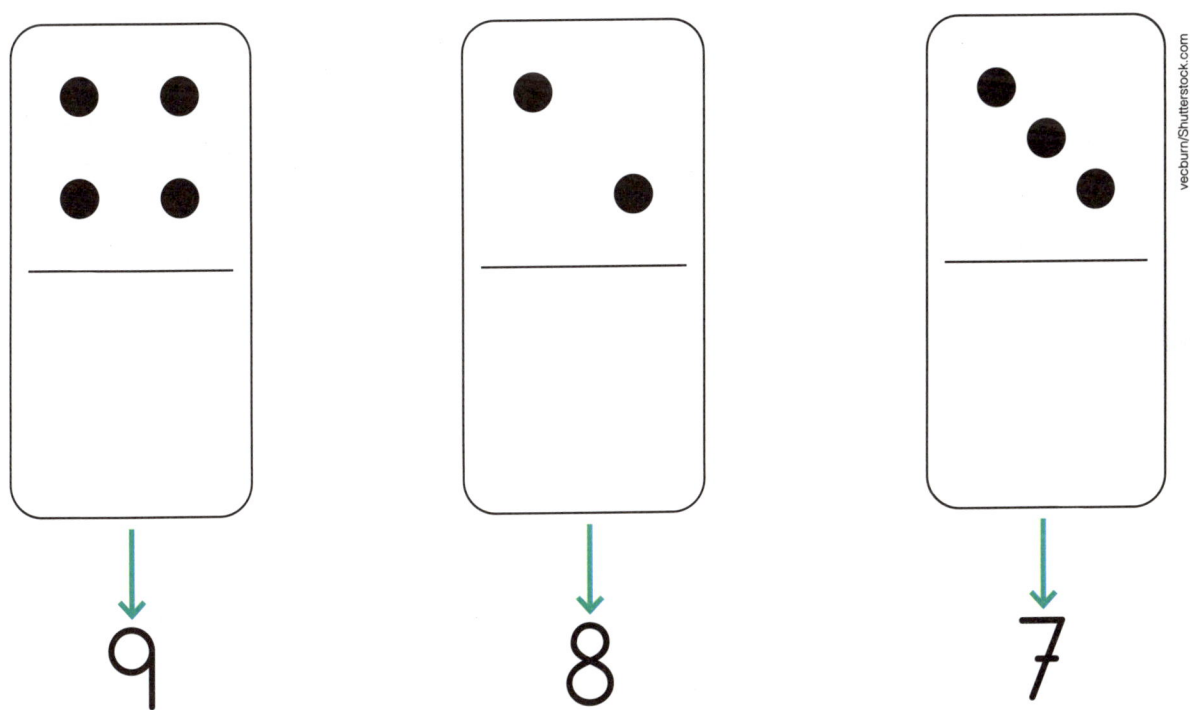

DESENHE UMA PEÇA DE DOMINÓ COM A MESMA QUANTIDADE DE PONTOS DE CADA LADO.

VAMOS TREINAR OS NÚMEROS?

0 0 0 0 0 0

10 10 10 10 10 10

COMPLETE A AMARELINHA EM CARACOL. ESCREVA OS NÚMEROS ATÉ **10** PARA QUE AS CRIANÇAS POSSAM BRINCAR.

O DIA ESTÁ ENSOLARADO E AS CRIANÇAS VÃO BRINCAR NA PISCINA DO QUINTAL. OBSERVE-AS E RESPONDA ÀS PERGUNTAS.

KanKhem/Shutterstock.com

- QUANTAS CRIANÇAS ESTÃO DENTRO DA PISCINA? _____

- QUANTAS CRIANÇAS ESTÃO FORA DA PISCINA? _____

- QUANTAS CRIANÇAS ESTÃO NO QUINTAL? _____

ESTA É A RUA DA CASA DE MARCOS. OBSERVE AS MORADIAS DA VIZINHANÇA E RESPONDA ÀS PERGUNTAS.

- QUANTAS CASAS HÁ NA RUA DE MARCOS? _____

- QUANTOS PRÉDIOS HÁ NA RUA DE MARCOS? _____

- QUANTAS MORADIAS HÁ NA RUA DE MARCOS? _____

PEDRO HENRIQUE LEVOU UMA CAIXA DE LÁPIS PARA A ESCOLA COM **12** LÁPIS. QUANDO CHEGOU EM CASA, TINHA APENAS **10** LÁPIS.

Peter Hermes Furian/Shutterstock.com

- CIRCULE OS DEZ LÁPIS QUE PEDRO HENRIQUE LEVOU PARA CASA.

- MARQUE COM UM **X** OS LÁPIS QUE PEDRO HENRIQUE PERDEU NA ESCOLA E DESENHE-OS ABAIXO.

RICARDO GOSTA MUITO DE FAZER CATA-VENTOS DE PAPEL E PRESENTEAR SEUS AMIGOS.

OBSERVE E PINTE AS CENAS:

- QUANTOS CATA-VENTOS RICARDO JÁ FEZ? _____

NO FIM DA TARDE, RICARDO SAIU PARA PASSEAR E PRESENTOU 3 CRIANÇAS QUE ESTAVAM NO PARQUE.

- DEPOIS DE PRESENTEAR AS CRIANÇAS, COM QUANTOS

CATA-VENTOS RICARDO FICOU? _____

VAMOS TREINAR OS NÚMEROS?

11 11

12 12

PROCURE NO QUADRO TODOS OS NÚMEROS **11** E PINTE-OS DE
LARANJA.

10	12	11	17	16	11	15	19	18	20
18	11	12	13	19	20	17	14	11	15
11	16	19	17	14	11	12	13	18	11

REPRESENTE O NÚMERO **12** DESENHANDO BOLINHAS DE GUDE PARA
FERNANDO JOGAR E PINTE A CENA.

VAMOS TREINAR OS NÚMEROS?

13 13

14 14

OBSERVE AS CONCHAS E OS COQUEIROS NA PRAIA E FAÇA O QUE SE PEDE.

- CONTE AS CONCHAS ESPALHADAS PELA AREIA E REGISTRE O

  NÚMERO A SEGUIR: _____

- COMPLETE OS COQUEIROS DA PRAIA PARA QUE TENHAM **14** COCOS AO TODO. DEPOIS, PINTE A CENA.

VAMOS TREINAR OS NÚMEROS?

15 15

16 16

PINTE A QUANTIDADE DE QUADRINHOS CORRESPONDENTE AO NÚMERO.

15

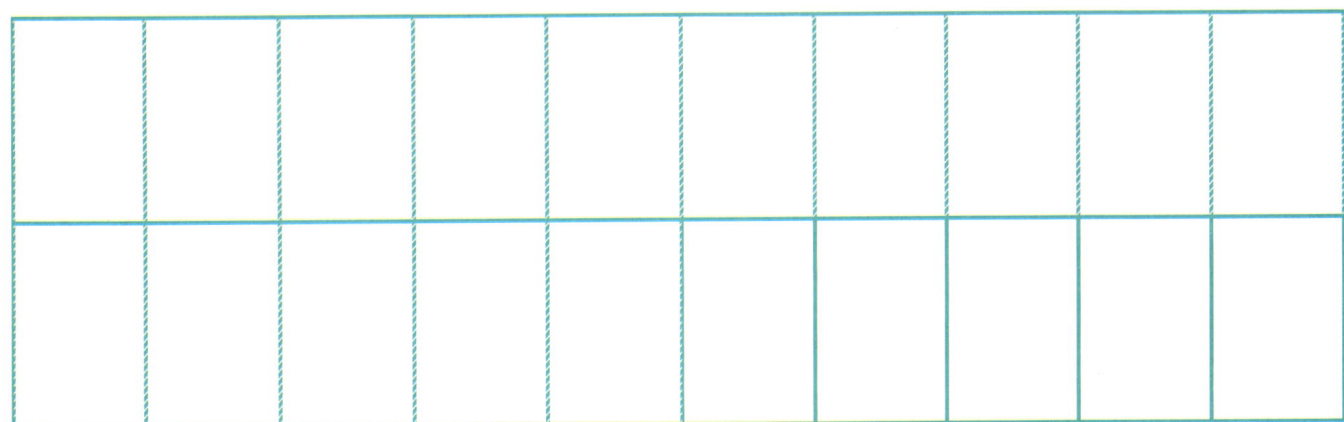

16

VAMOS TREINAR OS NÚMEROS?

17 17

18 18

ESCREVA NOS BISCOITOS OS NÚMEROS DE **11** A **20**.

AGORA, PINTE DE **VERDE** O BISCOITO DE NÚMERO **17** E DE **ROSA** O BISCOITO DE NÚMERO **18**.

VAMOS TREINAR OS NÚMEROS?

19 19

20 20

NA HORTA DA ESCOLA, AS CRIANÇAS CULTIVAM LEGUMES E VERDURAS. CONTE OS PÉS DE ALFACE E REGISTRE O NÚMERO.

AGORA, DESENHE QUANTOS PÉS DE ALFACE FALTAM PARA COMPLETAR **20**.

CONTE AS BOLINHAS DE CADA MÁQUINA E PINTE O NÚMERO QUE REPRESENTA A QUANTIDADE.

COMPLETE A SEQUÊNCIA NUMÉRICA.

LIGUE OS PONTOS DE **1** A **20** E PINTE A FOCA.